Préface

Quelle a été l'origine de la prise de conscience de la perte irrémédiable représentée par la disparition des derniers bateaux de travail en bois ?Après un premier livre qui a éveillé l'intérêt sur le sujet, *Bateaux des côtes de France* (Beaudouin, 1975), trois gros ouvrages ont, en la matière, joué un rôle certain : *Les bateaux des côtes de Bretagne Nord* (Le Bot 1976), *Groix, l'île des Thoniers* (Duviard, 1978), *Ar Vag, Voiles au travail en Bretagne atlantique* (Cadoret et al., tomes 1, 2, 3 ;1978, 79, 1985).

Ayant été l'un de ces initiateurs, et le premier en date, il me paraît intéressant de voir le sujet des bateaux de Bretagne Nord traité, trente ans exactement plus tard, par Nathalie Couilloud. Elle est naturellement trop jeune pour avoir connu les terre-neuviers remplissant le bassin de Saint-Malo et s'être fait des amis dans le milieu de la grande pêche et de la construction bois. Tant mieux au fond, car son ouvrage n'est pas suspect de nostalgie, et finalement ce n'est pas d'abord un livre sur le patrimoine qu'elle a écrit – une notion subjective qui a évolué au fil du temps – mais elle a composé, avec beaucoup de justesse, une image de ce qui s'est fait durant trois décennies en Bretagne Nord, pour le renouveau du patrimoine maritime : les succès, les échecs, et l'évolution du regard des acteurs.

Comment s'est exercé ce renouveau ? De trois manières qui ne sont pas indépendantes.

- Par le classement officiel du bateau de travail comme monument historique.
- Par la reconstruction totale ou la restauration, en vue d'une reprise de la navigation.
- Par la recherche de témoignages et la constitution d'archives.

On a beaucoup débattu et écrit sur les patrimoines nationaux et leur conservation. Cette histoire remonte fort loin, émaillée d'hésitations, de remises en cause, d'échecs mais aussi de succès. Le patrimoine maritime n'a été pris en compte qu'assez récemment et c'est en 1982 que Jack Lang, alors ministre de la Culture, conseillé par un expert de talent en charpente navale, mon regretté ami Raymond Labbé, a fait classer Monuments Historiques deux bateaux : le *Mad Atao* et l'*Anne de Bretagne*. On s'en est beaucoup réjoui à l'époque, mais je me demande aujourd'hui si l'on a suffisamment réfléchi avant d'assimiler un bateau à un château fort ou à une chapelle ! Par destination, ceux-ci ne bougent pas du paysage, et, même à l'état de ruines, gardent une identité. Un bateau privé de navigation, n'est plus un bateau et, s'il ne fait pas l'objet d'un intelligent travail de muséologie, il risque d'évoluer vers le statut d'épave gênante. La gabare *Mad Atao* en est le plus triste exemple. Pourtant, tous ces bateaux classés sur expertise de Raymond – ils sont aujourd'hui 106 – avaient quelque chose à nous dire. Peu ont été entièrement compris.

Parfois, faute d'un bateau à préserver, on pouvait songer à le refaire à l'identique. La première reconstruction totale d'un important bateau de travail a été l'œuvre d'une équipe de Cancalais qui, disposant d'archives, ont réussi l'exploit de mobiliser une somme considérable pour refaire une bisquine tout en gardant un statut associatif. Mais bien d'autres démarches analogues ont eu lieu en Bretagne, et la côte Nord semble une région privilégiée pour ce type de renouveau. Là des métiers en voie de disparition ont repris vie, charpentiers bois tout d'abord, mais aussi voiliers et gréeurs traditionnels. Il faut cependant être vigilants pour que les bateaux représentant un patrimoine maritime gardent leur authenticité.

J'arrive à mon troisième point : la constitution d'archives, et voudrais alors définir trois mémoires : celle de témoignage, celle d'archives et celle de recomposition.

Celle de témoignage est à l'origine de tout. Elle est la source, car tant qu'il existe des témoins du passé, ils peuvent sanctionner un report incorrect : «*Ceux qu'ont nommé les Bancs, les ont bien mal nommés, ils en font des louanges, ils y ont jamais été*» dit une chanson de pelletas entendue à Saint-Servan.

La mémoire d'archives est fondamentale car elle demeure la référence sûre lorsque la mémoire de témoignage sera close. Pour la pêche à Terre-Neuve, par exemple, hélas, la disparition des derniers pelletas du temps de la voile est relativement proche. Cette mémoire doit être constituée avec le plus grand soin, autant que possible à l'abri d'intérêts carriéristes, corporatifs politiques ou commerciaux, et contrôlée par des spécialistes de talent.

Il y a enfin la mémoire recomposée, où l'auteur parle de ce qu'il ne connaît qu'imparfaitement, bouchant les trous de son savoir par ce qu'il imagine, afin de remplir sa copie, au lieu de se retourner vers les archives orales et écrites. De bons écrivains, et bien plus de médiocres, s'y sont fait prendre, et vu la notoriété attribuée à l'écrit, ces dires passent pour mémoire d'archives.

Ceci dit, je m'adresse à tous ces passionnés que j'admire pour avoir restauré une vieille coque arrachée à une vasière. Après avoir durement travaillé, ils ont le bonheur de redonner vie à leur bateau en hissant la voilure et en torchant de la toile. J'apprécie vivement que se reconstitue de nos jours – et ce livre en rend témoignage – une relation affective homme-bateau comme celle qui existait autrefois. Il est bien satisfaisant qu'il y ait encore aujourd'hui des gars et des filles capables de payer de leur personne pour sortir en mer sur autre chose que des machines à naviguer en plastique. Mais je vais leur demander plus : au-delà du plaisir de la voile, qu'ils songent, s'ils ne l'ont déjà fait, à inscrire leur bateau dans l'authentique mémoire d'archives, en recueillant tous les témoignages et documents qui le concernent et en relevant plans de formes et de gréement.

Jean Le Bot, Chevalier du Mérite Maritime

SOMMAIRE

L'archipel des Sept-Iles, au large de Perros-Guirec, sur la côte de Granit rose, est balisé depuis 1835 par un phare bâti sur l'île aux Moines, la seule où l'on peut débarquer. L'île Rouzic, qui s'étend sur 3 hectares, est classée réserve ornithologique depuis 1912…

La Manche, si belle, si difficile…

Les marins de Bretagne Nord ont bénéficié d'une zone de navigation qui leur a permis de forger leur réputation : la Manche. Délimitée à l'ouest par une ligne fictive entre le cap Lizard et l'île d'Ouessant et, à l'est, par le pas de Calais, cette mer peut se révéler difficile. Les dépressions prennent en effet une ampleur particulière dans ce long goulet qui sépare la mer du Nord de l'Atlantique et le continent de la Grande-Bretagne. Située dans la partie méridionale de la plupart d'entre elles, la Manche est soumise au passage des fronts chauds et froids qui peuvent entraîner du gros mauvais temps, des précipitations et de forts vents dominants d'ouest ; mais les coups de vent d'est, surtout en hiver, ne sont pas moins sévères. Et la brume peut sévir au printemps ou en été : après une belle journée, le refroidissement de la nuit et l'absence de vent provoquent souvent l'apparition d'un brouillard épais.

Les puissants courants de marée aggravent ces conditions météorologiques, rendant la navigation côtière délicate. Se renforçant dans les endroits resserrés, ces courants peuvent atteindre 8 nœuds dans le passage du Fromveur entre Ouessant et Molène, et couramment

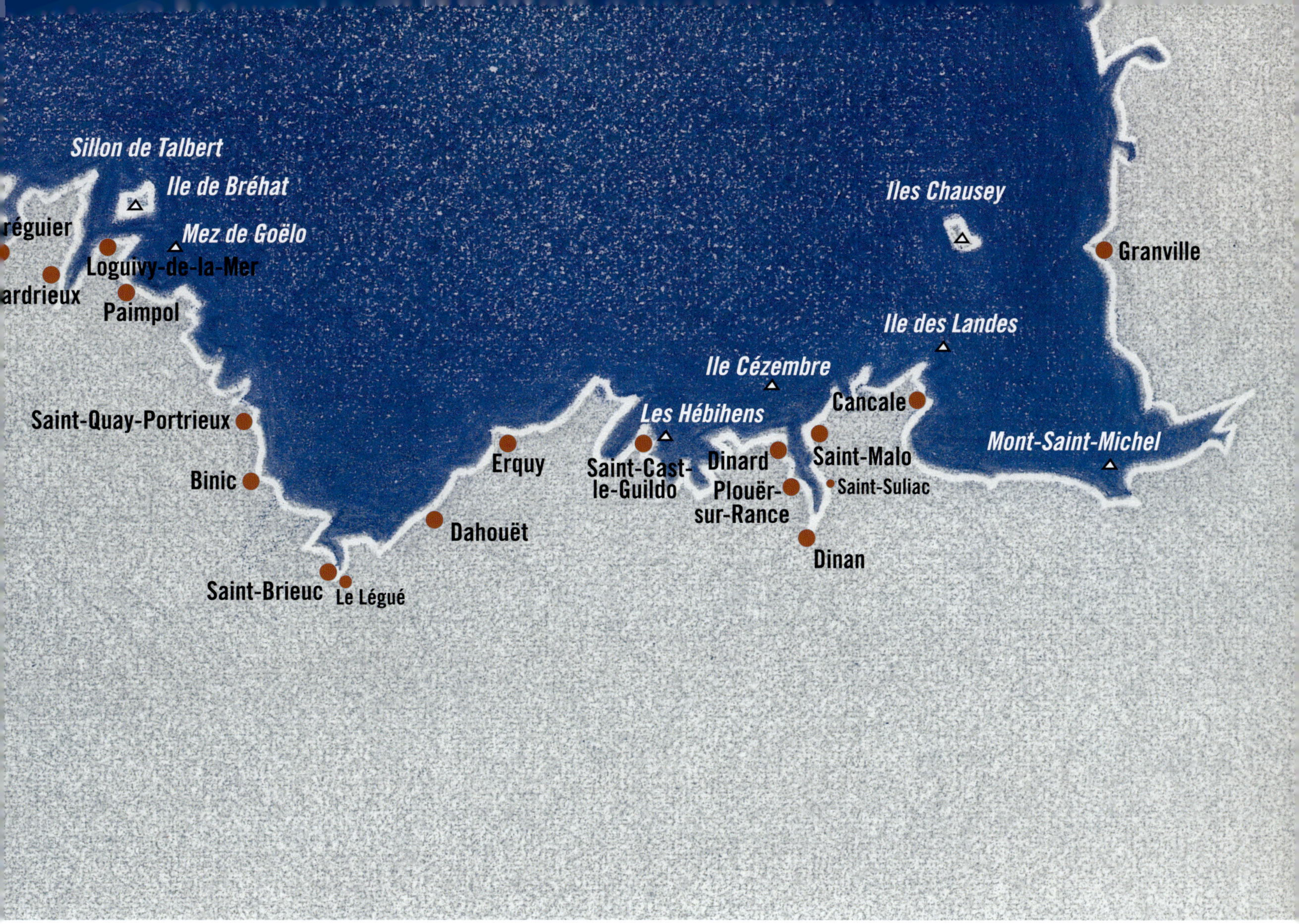

5 nœuds dans le secteur des Héaux de Bréhat. Les marnages, qui dépassent 12 mètres par forts coefficients, comptent parmi les plus élevés du monde. Entièrement située sur le plateau continental, la Manche a des fonds qui dépassent rarement les 60 mètres. Il n'est pas rare de traverser de véritables marmites bouillonnantes sur certains hauts-fonds quand les courants sont forts ! Et quand on navigue vent contre courant, la mer, dure et hachée, est parfois impressionnante…

Le tableau serait incomplet si l'on oubliait d'ajouter que le « génie de la nature » s'est amusé à parsemer ces côtes de milliers d'écueils, roches et cailloux en tout genre, plus ou moins découverts selon les heures de marée, et situés plus ou moins au large. La mémoire populaire a gardé trace de nombreux naufrages de voiliers ou de vapeurs : depuis les parages d'Ouessant, où sombrèrent au fil des siècles des dizaines de navires de commerce – ainsi le *Drummond Castle*, en 1896, à cause d'une erreur d'approximation –, jusqu'aux abords de Saint-Malo, où le naufrage du steamer *Hilda* en 1905, en pleine tempête sur les Pierres des Portes, à l'orée du chenal de Saint-Malo, provoqua la mort de dizaines de « Johnnies » partis vendre des oignons en Grande-Bretagne. A la fin du XXe siècle, les naufrages de pétroliers ont provoqué des catastrophes écologiques. Pour éviter d'éventuelles collisions liées à l'intense trafic maritime actuel en Manche, les autorités maritimes ont créé des zones de séparation du trafic.

Le caractère exceptionnel de ces côtes est également dû au Gulf Stream, qui offre au littoral un climat tempéré. La beauté sauvage des côtes léonardes, déchiquetées par les lames, les couleurs turquoise ou vert émeraude de ces mers, les rias verdoyantes du pays des abers, les tendres rondeurs des rochers de Ploumanac'h, l'archipel de Bréhat s'illuminant de nuit… génèrent des émotions qui se méritent. Aussi les marins capables de naviguer dans ces parages ont-ils accès à tous les océans du monde !

Une géographie contrastée

Au milieu de l'archipel qui porte son nom, l'île de Bréhat, l'un des joyaux de la côte Nord, fut un vivier de marins, matelots et capitaines, notamment pour la pêche à Islande. Le port principal est Port-Clos ; aménagé en 1770, il accueille aujourd'hui les vedettes qui relient l'île au continent, mais reste un port d'échouage où le marnage peut atteindre 12 mètres...

Un estuaire, des baies et des rivières

Entre les ports de Saint-Malo et Brest, la côte de Bretagne Nord est presque partout très découpée. Un estuaire (la Rance), de grandes baies et de profondes rivières remontent assez loin dans les terres et sont sensibles à l'influence des marées. S'y sont nichés très tôt des ports de cabotage importants, tels Dinan, Le Légué, Tréguier, Lannion ou Morlaix. De nombreuses îles font face au continent : les îles Chausey, les Anglo-Normandes, Bréhat, Batz, les Sept-Iles, Ouessant et Molène sont les plus importantes. Les ports sont assez rapprochés sur la partie est de ces côtes, mais après Morlaix et sa large baie, il faut rallier les abers pour trouver des ports en eau profonde avant Le Conquet et Brest. Si, avant le milieu du XIXe siècle, les abris sûrs étaient rares, plusieurs ports accessibles à toute heure jalonnent aujourd'hui ce littoral (les Bas-Sablons à Saint-Malo, Saint-Cast, Saint-Quay-Portrieux, Lézardrieux, Tréguier, Port-Blanc, l'Aber-Wrac'h, l'Aber-Ildut, Camaret et Brest), les autres étant soit des ports d'échouage, soit des bassins à flot, accessibles par des seuils, portes ou écluses, dont la construction ne remonte pas au-delà du XIXe siècle.

De la baie du Mont-Saint-Michel au cap Fréhel, la côte est comme ailleurs balayée par de forts courants, engendrés par des marnages très importants. La baie du Mont-Saint-Michel assèche en grande partie, et c'est dans sa partie sud-est que se trouvent le rocher de Tombelaine ainsi que le Mont-Saint-Michel et sa légendaire abbaye. Dans la partie ouest, les parcs à huîtres et les bouchots à moules signalent la proximité du port de Cancale, sous la pointe de la Chaîne et la petite île des Rimains. Dominée par la maison blanche du sémaphore, la pointe du Grouin se prolonge par une chaussée rocheuse, l'île des Landes et le phare du Herpin.

Passées les pointes du Meinga et de la Varde, et le plateau des Tintiaux, se profile la silhouette du phare du Grand Jardin, à l'ouest de l'île de Cézembre, dans la baie de Saint-Malo : le port malouin est situé sur la rive droite de la Rance, Dinard s'étendant sur sa rive gauche. Saint-Malo est accessible par différentes passes, seuls les chenaux des Portes restant

Iles et îlots parsèment la baie de Morlaix : le château du Taureau fut bâti au XVIe siècle pour tenter de se prémunir contre les incursions des Anglais, tandis que se dressent sur l'île Louët un phare et la maison de ses gardiens.

Ci-contre : dans la baie de Saint-Brieuc, le lougre du Légué, *Le Grand Léjon*, arbore toute sa garde-robe comme pour saluer le phare dont il a pris le nom, reconnaissable à ses bandes rouges et blanches.

Le petit port de Loguivy-de-la-Mer, à l'ouvert du Trieux, saisi à marée basse avec des caseyeurs au repos. De solides bateaux à moteur ont remplacé les fins langoustiers d'autrefois, mais la pêche des crustacés est toujours pratiquée dans ces parages rocheux.

accessibles de nuit. Son complexe portuaire englobe aujourd'hui un avant-port, quatre bassins à flot et le port des Bas-Sablons, voué à la plaisance.

L'estuaire de la Rance est fermé par l'usine marémotrice depuis les années 1960. A l'extrémité du barrage, sur la rive gauche, une écluse permet de remonter dans l'estuaire : on longe le village de La Richardais, l'anse de Saint-Elier, puis l'anse de La Landriais, avec sa célèbre cale de radoub en bois, avant d'arriver à Saint-Suliac sur la rive droite, puis à Plouër-sur-Rance, sur la rive gauche. En empruntant l'écluse du Châtelier, limite entre les zones maritime et fluviale, les bateaux de moins de 14 mètres et d'un tirant d'eau inférieur à 1,60 mètre, peuvent atteindre Dinan, relié à Rennes, Redon et l'estuaire de la Vilaine par des canaux.

Si on délaisse la Rance pour suivre la côte, après Saint-Malo, on atteindra Saint-Lunaire, sous la pointe du Décollé. Entre cette pointe et le cap Fréhel, la côte est très découpée et compte plusieurs baies qui assèchent : on trouve le mouillage de Saint-Briac, et celui de l'île des Ebihens. Au sud, la presqu'île de Saint-Jacut sépare les baies de Lancieux et de l'Arguenon. Le port de Saint-Cast se trouve juste sous la pointe du même nom. Au nord-ouest de la baie de la Fresnaye, on découvre le remarquable fort La Latte, maintes fois porté à l'écran, puis le cap Fréhel, dont le feu culmine à 85 mètres au-dessus du niveau de la mer et peut, par beau temps, être aperçu à près de 30 milles.

Le cap Fréhel et le phare des Héaux de Bréhat, distants de 33 milles, délimitent la baie de Saint-Brieuc. Derrière les plateaux rocheux du large, la côte se distingue par une alternance de falaises et de plages ; au fond de la baie, dans la partie occidentale de l'anse d'Yffiniac, on accède au port de Saint-Brieuc, Le Légué. A l'est de la baie, se trouvent les ports d'Erquy et de Dahouët et, à l'ouest, ceux de Binic et de Saint-Quay-Portrieux.

Tout à l'ouest de la baie de Saint-Brieuc, une fois passé l'îlot du Mez de Goëlo, la côte redevient très rocheuse aux abords de Paimpol et du magnifique archipel de Bréhat. A 15

L'oratoire de Notre-Dame-de-la-Garde, au socle couvert d'ex-voto, domine la passe principale est du port de Dahouët. Un dôme, soutenu par des colonnes de granit, protège depuis la fin du XIXe siècle la statue de la Vierge.

et 20 milles de la côte, les plateaux de Barnouic et des Roches-Douvres sont les dangers les plus au large de toute la Bretagne Nord. A l'ouvert de la rivière du Trieux, se trouve le port d'échouage de Loguivy-de-la-Mer. Le Trieux, frontière naturelle entre le Goëlo et le Trégor, peut être remonté jusqu'à Lézardrieux, port en eau profonde, puis par le biais d'une écluse jusqu'à Pontrieux, à 8 milles de la mer.

Après la longue avancée du sillon de Talbert, la passe de la Gaine permet aux bateaux venant du nord-est de pénétrer dans la rivière de Tréguier (le Jaudy) en restant à l'abri des Héaux de Bréhat ; le Jaudy, qui mène jusqu'au port de Tréguier, offre de nombreux mouillages.

D'un accès délicat, le très beau mouillage de Port-Blanc précède le bassin à flot de Perros-Guirec, construit dans les années 1960. Passé le phare de Mean Ruz, au pied du château de Costaérès, le havre de Ploumanac'h offre un abri sûr dans un décor de rochers roses exceptionnel, à proximité des Sept-Iles, qu'Anatole Le Braz a comparé « à un groupe de cétacés préhistoriques se jouant à fleur d'horizon » !

Une large baie s'ouvre ensuite entre l'Ile-Grande et l'île de Batz, distantes de 16,5 milles. Le plateau de la Méloine la sépare en deux : à l'est, la baie de Lannion (havres de Trébeurden, Locquémeau, Locquirec…), où se jette l'étroite et sinueuse rivière du Léguer qui assèche presque entièrement ; à l'ouest, la baie de Morlaix, limitée par les pointes de Primel et de Bloscon (le dangereux plateau des Duons, le remarquable château du Taureau, les îles Callot, Louët, Noire…). Les anses de Primel et de Térénez se situent à l'est de cette baie. Le chenal de Tréguier ou le Grand Chenal mènent à l'entrée de la rivière de Morlaix et aux mouillages du Dourduff ou de Locquénolé. A l'ouest de la baie se trouvent Carantec, le vieux port de Roscoff, séparé de l'île de Batz par un étroit chenal, et celui de Bloscon, récent port en eau profonde réservé aux ferries. Si la rade de Morlaix est parfaitement abritée, avec des fonds de sables et vases de bonne tenue, elle est soumise à de forts courants et parsemée de rochers.

Les abers et la rade

De Roscoff au phare de l'île Vierge, la côte est extrêmement déchiquetée et n'offre que quelques échouages aux petits bateaux. Passé l'île Vierge, débordés par de nombreux dangers, les abers offrent des abris sûrs et bien protégés dans un cadre sauvage et pour l'instant protégé, même si un projet de marina doit voir le jour à l'Aber-Wrac'h. Plus au sud, on accède à l'Aber-Benoît où se trouve le havre de Saint-Pabu. Des courants traversiers et une mer agitée sur les dangers à l'ouvert des passes exigent toujours une certaine prudence à l'entrée des abers.

Le port de Portsall, qui assèche complètement, et où l'on peut se rendre en suivant une série d'alignements, est d'un accès difficile en raison de forts courants. Celui d'Argenton, soumis à un gros ressac par vent d'ouest, se cache derrière les roches du même nom qui s'étendent à 1 mille de la côte et dont l'extrémité sud-ouest est balisée par le phare du Four. Les chenaux du Four et de la Helle séparent les îles d'Ouessant et de Molène du continent. Dans le passage du Fromveur, entre Ouessant et Molène, les courants sont violents et la mer peut se révéler très grosse et creuse par vent contre courant.

Le port de Lampaul, vu de la pointe sud-ouest de l'île d'Ouessant. Cet inextricable amas de roches, traversé par de forts courants, a de tout temps été très redouté des marins.

L'Aber-Ildut, fréquenté par les pêcheurs et les plaisanciers, constitue un très bon abri, accessible par tous les temps. A 4 milles plus au sud, le chenal de la Helle rejoint celui du Four face à la pointe de Corsen, sur laquelle est établi le CROSS chargé de la surveillance maritime de toute cette zone dangereuse et très fréquentée. Derrière la tourelle de la Grande Vinotière et la presqu'île de Kermorvan, le port du Conquet abrite encore aujourd'hui de nombreux caseyeurs et les bateaux qui assurent la liaison avec les îles d'Ouessant et de Molène. Le mouillage des Blancs-Sablons, juste au nord de la presqu'île, constitue l'un des meilleurs abris de cette côte, sauf par houle de nord-ouest.

Le chenal du Four, qui se termine à la pointe de Saint-Mathieu, permet de déboucher en Iroise, délimitée par Ouessant et la chaussée des Pierres-Noires au nord, et la chaussée de Sein au sud. L'accès à Brest et sa rade se fait par l'avant-goulet et le goulet, partie resserrée entre les pointes du Petit Minou et des Capucins à l'ouest, et la pointe de Portzic et celle des Espagnols à l'est. Avant le goulet, en presqu'île de Quélern, le port de Camaret offre un abri très sûr.

Une intense activité maritime

De Saint-Malo à Brest, des ports qui ont marqué l'histoire

Situés à quelques jours de mer de l'Angleterre, riche puissance commerciale, les ports bretons entretinrent des liens toujours étroits, sinon pacifiques, avec les îles anglo-normandes et les ports de Grande-Bretagne. L'épopée des « smoggleurs », contrebandiers faisant affaire entre les deux rives de la Manche dans les époques troubles, en porte témoignage. Du temps des guerres napoléoniennes, les relations commerciales furent entravées par des blocus qui relancèrent vigoureusement la guerre de course, dont le dernier combat du *Renard* fut l'ultime événement marquant.

La vocation maritime de Saint-Malo s'était affirmée dès la fin du XVe siècle avec les grands voyages de découvertes, dont celui de Jacques Cartier qui prit possession du Canada au nom du roi en 1534. Les voyages vers les colonies et les mers du Sud, la pêche à Terre-Neuve, le commerce triangulaire, la guerre de course vont faire de Saint-Malo une riche cité menée par de puissants armateurs. La ville fortifiée possédait un grand port d'échouage qui, au XVIIe siècle, fut l'un des premiers de France par le nombre de navires armés de plus de 100 tonneaux. Vauban avait rêvé d'y creuser les bassins d'un vaste port militaire ; ce n'est qu'au XIXe siècle que Saint-Malo et sa voisine, Saint-Servan, furent pourvues de bassins à flot. Ce passé prestigieux vaut toujours à Saint-Malo une spécificité qui s'illustre dans le vieux dicton : « Ny Français, ny Breton, Malouin suis » !

A l'autre extrémité de la péninsule, élevé au rang de ville par Henri IV en 1593, Brest a été voulu port militaire, et doté d'un arsenal par Richelieu puis Colbert. Dès ces temps, il fournit d'innombrables marins aux équipages de la Royale et de la marine marchande, tout en générant une grande activité de construction navale. Marins et ouvriers de l'arsenal ont bâti la légende de ce port, qui paya très cher son histoire militaire lors du dernier conflit mondial…

Mer formée, coup de vent et ciel d'orage au-dessus des remparts de Saint-Malo : une scène traitée avec brio par le peintre et marin Louis Garneray, depuis l'îlot du Talard, en 1823.

LES CURRAGHS, BATEAUX DES PREMIERS ÉMIGRANTS VENUS D'OUTRE-MANCHE ?

Les moines gallois et irlandais, qui s'en vinrent évangéliser l'Armorique aux ve et vi^e^ siècles, ont peut-être traversé la Manche sur des curraghs, embarcations à voile et avirons, légères, manœuvrantes, d'un faible tirant d'eau, recouvertes de cuir, encore en usage en Irlande. Ces origines celtiques de la Bretagne survivent, notamment, à travers les répliques du *Sant Efflam*, curragh de 8 mètres construit en 1997, et du *Brioc*, lancé en 2000 à Saint-Brieuc, qui reprennent le savoir-faire des Irlandais.

Le curragh *Sant Efflam* a effectué durant l'été 1999 un périple entre l'Ecosse et la Bretagne sur les traces des moines navigateurs celtes. La charpente du grand curragh est achevée ; elle sera bientôt recouverte de 43 peaux de vache, un « bordé » de cuir semblable à celui de ces embarcations rustiques.

Les gabares de l'Iroise ont été les derniers bateaux à travailler à la voile. Ci-dessus, *Dieu Protège* transporte un chargement de sable, tandis qu'à droite, l'*Aviateur-Mermoz* regagne l'île de Molène.

Cabotage et bornage

Le cabotage occupa tous les ports de Bretagne Nord et mobilisa bricks, goélettes, dundées ou cotres. Les dernières goélettes, qui ont marqué la mémoire des anciens, notamment à Pleubian, naviguèrent jusque dans les années 1930. Outre leurs qualités de marche, les caboteurs devaient être solidement construits pour pouvoir échouer. Les frets transportés étaient très variés : bois de Scandinavie, ciment du nord de la France, produits de la pêche à Islande et à Terre-Neuve, graines de lin de la Baltique, sel portugais, vins espagnols et lusitaniens, charbon britannique… Les Bretons exportaient du textile, des légumes primeurs (Roscoff envoya vers le sud de l'Angleterre et le pays de Galles 9 026 tonnes d'oignons rosés en 1925 !), des pommes de terre (Dahouët en expédia 5 480 tonnes en 1905), les grès des carrières d'Erquy ou de l'Ile-Grande, des poteaux de mines… Des navires bons marcheurs allaient aussi « chasser » la morue verte à Islande pour la livrer dans les ports, de Rouen à La Rochelle…

Les bateaux qui pratiquaient le bornage, adaptés à la desserte des estuaires et des îles, étaient presque tous des sloups de 35 à 40 tonneaux, les plus petits étant gréés en lougres. Ils transportaient essentiellement des produits agricoles, des amendements marins vers l'intérieur des terres, et faisaient aussi le service des îles. De 200 en 1914, le nombre de caboteurs chuta à 20 en 1936… Les gabares de l'Iroise seront les derniers bateaux de charge traditionnels à travailler, notamment comme sabliers.

La « grande pêche » morutière à Terre-Neuve et à Islande

La pêche à Terre-Neuve est attestée, pour ce qui est devenu le département des Côtes-d'Armor, depuis le début du XVIe siècle. Au départ, de nombreux ports armèrent pour Terre-Neuve, mais cette destination fut peu à peu délaissée au cours du XIXe siècle, au profit de l'Islande. Le bassin de Cancale-Saint-Malo lui resta seul fidèle jusqu'à la fin de la voile. L'abandon par la France du French Shore de Terre-Neuve en 1904 avait conduit à envoyer sur les bancs des navires de fort tonnage (400 à 500 tonnes) qui ne relâchaient pas de toute la campagne.

Le gréement de trois-mâts goélette était le plus courant ; il comportait des voiles à corne à l'artimon et au grand mât, avec des flèches triangulaires, et un phare carré sur le mât de misaine ; un jeu de quatre focs et de cinq voiles d'étai complétaient ce gréement facile à manœuvrer. Le phare carré permettait, en outre, de tenir les allures portantes au retour des bancs à l'automne, époque où les vents d'ouest dominent. Armés pour des campagnes de six mois, ces trois-mâts partaient avec un équipage de 28 à 36 hommes selon leur taille. La pêche se faisait avec des lignes de fond (longues de 3 000 mètres, portant 1 900 hameçons !) que les hommes, embarqués sur des doris, élongeaient autour du bateau mouillé sur son ancre, avant de revenir travailler et saler la morue à bord. En 1912, Saint-Malo armait encore 103 navires et Cancale 43 pour Terre-Neuve…

La cale de La Landriais

La rive gauche de la Rance connut une grande activité de construction et de réparation navale, notamment au XIXe siècle où les grands navires terre-neuviers de Saint-Malo y étaient réparés au retour des campagnes. Témoin de cette époque, la cale sèche en bois du Minihic-sur-Rance : cet ouvrage, unique en son genre, est l'œuvre du constructeur François Lemarchand, capitaine au long cours qui, ayant cessé de naviguer en 1896, reprit le chantier naval créé à La Landriais par son beau-père. Pour répondre à la demande de carénage des terre-neuviers, il élabora les plans et fit construire avec les seuls moyens de son chantier cette cale sèche, mise en service en 1910.

Longue de 45 mètres environ, large de 10 mètres, haute de 5 mètres, elle fut construite entièrement en bois sur la grève, en face du chantier. Une quarantaine de poteaux entretoisés, étayés par des accores, lestés dans leur partie enterrée, étaient disposés selon la forme d'un navire, étrave pointée vers la terre. La quille reposait sur une rangée de tins et le navire lui-même était maintenu par de solides étais. Côté large, la cale était fermée par deux vantaux, comme une porte d'écluse, et, côté terre, une petite trappe permettait aux calfats de pénétrer à l'intérieur de la cale pour y travailler.

Jean Le Bot et Louis Lemarchand, le fils de François, reconstituèrent les plans et le fonctionnement de cet ouvrage, que l'on peut retrouver dans le livre *Bateaux des côtes de la Bretagne Nord*, édité en 1976 aux Editions des 4 Seigneurs. Depuis 1996, l'association des Amis de la baie de La Landriais a entrepris sa restauration sous l'impulsion de son dynamique président, Jean-François Hourrière. Encore un ou deux ans et, munie de ses portes, la cale sèche pourra recevoir des bateaux de tradition, devenant ainsi un témoin actif de la construction navale au Minihic-sur-Rance.

Cette cale sèche en bois a notamment accueilli à plusieurs reprises le navire du commandant Charcot, le *Pourquoi-Pas ?*.

A Saint-Malo, les trois-mâts morutiers, alignés le long des quais, ont pavoisé leurs mâtures en ce jour de pardon des Terre-Neuvas, où l'évêque de Rennes venait bénir bateaux et équipages avant le grand départ pour les bancs.

Les ports du Légué à Saint-Brieuc, de Binic et de Dahouët firent d'abord la pêche à Terre-Neuve avant de se diriger progressivement vers l'Islande. Paimpol, dès 1852, arma presque exclusivement pour cette zone. Le département des Côtes-du-Nord fut le seul en Bretagne à armer pour l'Islande, ce qui coûta au quartier maritime de Paimpol 2 000 vies en quatre-vingts ans.

Les premiers bateaux islandais furent des bricks, lougres, chasse-marée, sloups... avant d'être remplacés par les goélettes à hunier. Les campagnes étant plus courtes, les bateaux de fort tonnage n'étaient pas nécessaires : les difficiles conditions de navigation dans ces parages exigeaient, en revanche, des bateaux rapides, marins, légers et solides pour se dégager des côtes dangereuses et tenir la cape sur des mers formées. A partir de 1880, Paimpol fit construire des goélettes de 100 à 200 tonneaux, longues d'environ 35 mètres, larges de 7,50 mètres. Elles portaient une grand voile goélette à bordure libre et deux ris, une misaine, une trinquette, trois focs, une voile d'étai, un flèche et un hunier carré.

Des équipages de 20 à 26 hommes armaient ces belles goélettes pour pratiquer la pêche à la ligne depuis le navire qui dérivait à la cape. Le poisson était salé à bord et des voiliers, appelés chasseurs, venaient chercher le produit de la première pêche, en échange de sel, vivres, divers matériels et courriers. Partant vers le mois d'avril, les goélettes revenaient aux premiers jours de septembre à Paimpol. Cette pêche s'est pratiquée jusqu'au lendemain de la guerre de 1914-1918, et c'est en 1935 que la dernière goélette est revenue d'Islande...

La plupart des hommes qui armaient les navires de grande pêche se faisaient marins par nécessité et retournaient à la terre à la fin des campagnes ; d'autres gagnaient le Portugal, l'Espagne ou les Antilles pour y livrer la morue et en ramener d'autres produits. Représentant un poids économique considérable, cette activité a été soutenue financièrement par tous les régimes, de Louis XIV à la IIIe République.

Devant une bisquine, à Cancale, femmes et enfants sont affairés à « l'élection » des huîtres, c'est-à-dire au tri, qui consiste à séparer celles qui seront vendues de celles qui seront élevées dans les parcs de pleine mer.

Les multiples pêches côtières

La grande pêche, aussi emblématique soit-elle des côtes de Bretagne Nord, ne doit pas faire oublier la diversité des bateaux qui se livraient à la pêche côtière. On trouvait à l'est, au XIXe siècle, les bisquines de Cancale, qui portaient un impressionnant gréement dérivé de celui du lougre employé au siècle précédent par les corsaires de la Manche. Ces bateaux très rapides nécessitaient un équipage important et s'adonnaient surtout à la pêche aux lignes ou au chalut et, une fois l'an, à la drague des huîtres ; ils disparurent, en tant que flottille, après la Première Guerre mondiale.

Les canots jaguens naviguaient entre Saint-Jacut et Saint-Briac pour la pêche au maquereau de mai à septembre, la pêche aux casiers et aux cordes en hiver. Les marins de Saint-Jacut armaient aussi des dragous, de forts canots qui devaient leur nom à leurs apparaux de pêche, la drague. Ils étaient gréés au tiers, avec foc et hunier, comme les grands lougres de la baie de Saint-Brieuc, qui pratiquaient la pêche ou le dragage du sable, au grand mât et bout-dehors d'une longueur impressionnante. Sur leurs langoustiers, les Loguiviens et Bréhatins ont été les premiers à adopter les casiers, qu'ils posaient dans les cailloux pour capturer les crustacés jusque dans les eaux lointaines de l'île de Sein. Sur la côte trégorroise, les flambarts, bateaux de travail à deux mâts portant des voiles au tiers, dont un taillevent, exerçaient différents métiers, comme la pêche à la sardine en baie de Lannion.

Dans la baie de Morlaix, parcourue de forts courants, des cotres marins et évolutifs, bientôt dotés d'un long cul-de-poule à la manière des yachts, rivalisaient de vitesse pour ramener leur pêche au port et obtenir les meilleurs prix. Dans le bas Léon, de jolis petits sloups pêchaient les crustacés, le lieu, le mulet, mais étaient surtout utilisés à la récolte des algues. Sur la rive nord-est de la rade de Brest, les bateaux kerhors, des chaloupes non pontées de moins de 6 mètres, ravitaillaient en poisson frais, pêché à la senne, une grande partie de la ville. La pêche de la coquille Saint-Jacques, qui se développa dans les dernières années du XIXe siècle, vit apparaître les sloups coquilliers qui draguaient en flottille, le mât fortement incliné vers l'avant pour compenser l'absence de foc…

La récolte du goémon

L'une des grandes activités des côtes de la Bretagne Nord fut la récolte des amendements marins, algues ou goémon, servant depuis des siècles à enrichir les terres, se chauffer, nourrir les animaux… Si les flambarts du Trégor ou les sloups du bas Léon faisaient plusieurs métiers, ils étaient avant tout goémoniers. Le goémon épave, ramené sur les grèves par les tempêtes, et le goémon de rive, coupé sur les rochers à marée basse, furent d'abord récoltés ; à proximité de la côte, ce goémon était brûlé dans dans des fours en forme de tranchées, pour constituer, la cendre une fois compactée, des pains de soude.

C'est au XIXe siècle que l'exploitation des algues connut son apogée, quand on découvrit qu'elles contenaient de l'iode. Le milieu du XIXe siècle vit ainsi se multiplier les usines en Trégor-Goëlo, dont les côtes rocheuses attirent de vastes champs d'algues. Dans les Côtes-du-Nord, contrairement au Finistère Nord, on récolta plutôt le goémon de rive. Le développement des cultures maraîchères sur le littoral au XIXe siècle entraîna un accroissement des besoins en amendements marins : outre les algues, les hommes chargeaient à la pelle le sable et le maërl côtiers sur les gabares échouées. Des bateaux modernes, équipés d'un « scoubidou » hydraulique, exploitent encore aujourd'hui le goémon dans les abers. A Pleubian, le Centre d'étude et de valorisation des algues (CEVA) étudie leurs futures utilisations (alimentation, cosmétique, etc.).

La récolte du goémon est toujours pratiquée en Iroise, comme ici en 1978 à Portsall. Les bateaux sont désormais équipés d'un scoubidou, appareil de récolte composé d'un bras articulé et d'un crochet.

Le renouveau du patrimoine maritime

Le temps des précurseurs

Cette histoire si riche ne pouvait disparaître en même temps que les bateaux…

Dans les années 1960, Jean Le Bot fait la connaissance du constructeur Louis Lemarchand, du Minihic-sur-Rance qui, arrivé à l'âge de la retraite, vient de vendre son chantier. Malgré la différence d'âge, ils deviennent grands amis. Jean questionne impitoyablement Louis qui se fait professeur. L'enseignement n'est pas seulement théorique : la salle de travaux pratiques est à Cancale, près de la cale de l'Epi où gît une épave de bisquine. Fils à plomb, équerres, cordeaux et niveaux sont mis en œuvre sous la direction du maître : il n'y a plus qu'à passer à la table à dessin !

Mais Jean Le Bot ne tient pas à rester l'homme d'un seul bateau : très impressionné par l'ouvrage de François Beaudouin, *Le bateau de Berk*, édité en 1970 par le musée de l'Homme (qui sera suivi de *Bateaux des côtes de France*), il tente lui aussi de traiter de manière ethnologique et technique l'histoire des bateaux de travail de sa région. En 1976, il publie *Bateaux des côtes de Bretagne Nord*. La dynamique qui va se créer dans les années 1980 autour du patrimoine maritime de cette région s'appuiera largement sur son travail.

En 1984, l'anse de Pors-Beac'h, en Logonna-Daoulas (rade de Brest), accueille son troisième rassemblement : déjà quelque 150 bateaux traditionnels !

Sur la côte atlantique, d'autres précurseurs mènent, dans les années 1970, de vastes enquêtes auprès des derniers marins de la voile. En 1978, commence l'aventure éditoriale d'*Ar Vag* (le bateau), lancée par Bernard Cadoret, rédacteur en chef du *Petit Perroquet*, qui donnera naissance en 1981 au *Chasse-Marée*. Cette revue publie les enquêtes menées par les chercheurs et suscite de nouvelles vocations. En 1979, la Fédération régionale pour le patrimoine maritime (FRPM) est créée à Concarneau, initiée par Bernard Cadoret. Devenue FRCM (Fédération Régionale pour la Culture Maritime), l'association installe en 1983 les Ateliers de l'Enfer à Douarnenez pour former de nouveaux charpentiers de marine.

En 1989, la première Fête du chant de marin de Paimpol connaît un succès à la hauteur de ses ambitions : faire connaître à un large public la culture orale et musicale des gens de mer.
En 1987, le lancement de *La Cancalaise* est annoncé par voie d'affiche, comme en 1988 le concours du Chasse-Marée qui fera renaître des dizaines de bateaux traditionnels pour les fêtes de Brest 1992.

Aux origines des fêtes maritimes

Outre-Manche, l'intérêt pour le patrimoine maritime fut bien plus précoce. De nombreux marins britanniques, qui ont déjà sauvé des voiliers traditionnels sur lesquels ils naviguent, se regroupent en 1958 dans l'association Old Gaffers (jeu de mot entre « vieux bateaux gréés à corne » et « vieux potes »). En 1977, une section française voit le jour à Saint-Malo, à l'initiative de Goé Paris, Joé Klipfel, François Gicquel et Jean Le Faucheur. Ces plaisanciers, passionnés de bateaux en bois, entreprennent de restaurer quelques unités locales. Les Old Gaffers prennent l'habitude de se retrouver pour régater entre eux à Concarneau dès 1975 ; en 1980, ils se donnent rendez-vous en rade de Brest à Pors Beac'h, sur la commune de Logonna-Daoulas.

Deux ans plus tard, cette grève accueille la première « fête maritime », marquant le renouveau de la voile traditionnelle en Bretagne, à l'initiative du Groupe finistérien de croisière, mené notamment par Jakez Kerhoas et Gilbert Lemoigne. Dès l'année suivante, le port de Ploumanac'h, en Perros-Guirec, lui emboîte le pas. Depuis, outre les grands rassemblements de Douarnenez (1986 et 1988) et de Brest (et Douarnenez 1992), créés par le *Chasse-Marée*, de nombreuses fêtes du patrimoine maritime fédèrent les enthousiasmes en multipliant les occasions de rencontres. C'est le cas de la Fête du chant de marin de Paimpol, inaugurée en 1989, de la Fête de la morue à Binic depuis 1997, des Bordées de Cancale depuis 1999, des fêtes du maërl ou des goémoniers, des rassemblements dans les abers, etc.

Un précurseur, Jean Le Bot

C'est à l'âge de douze ans que Jean Le Bot rencontre Guillaume Verdier, un ancien Terre-Neuvas, capitaine de la marine marchande : « Ce bonhomme-là, ça a été ma première rencontre avec un témoin d'une époque révolue, et elle a été déterminante », confiait-il en 2001 au *Chasse-Marée.* La deuxième rencontre décisive est celle de Louis Lemarchand en 1950, constructeur naval réputé de la région malouine. « Il était animé d'une gaieté malicieuse ; dans son chantier, il avait donné un surnom à tous ses outils et j'avais un bonheur fou à l'écouter. » C'est avec lui qu'il va faire ressurgir du passé les bisquines, auxquelles il consacrera de nombreux articles, et un ouvrage, *La bisquine de Cancale et de Granville.* Professeur de physique à l'université de Rennes, expérimentateur, Jean Le Bot passe tous ses loisirs à enrichir ses connaissances maritimes. Amateur de marine éclairé, modéliste aguerri, collectionneur impénitent et chercheur insatiable, sa curiosité n'a pas de limites : des capitaines au long cours aux matelots terre-neuvas, de l'art du matelotage à l'étude des gréements, des macrotiers aux pirogues antillaises, de la littérature maritime aux chronomètres de marine, Jean Le Bot ne choisit pas !

Il est, en outre, toujours heureux de partager ses connaissances et la somme considérable de documents qu'il a amassés – dont l'irremplaçable collection de plans du chantier Lemarchand –, car il aime à se définir comme un passeur entre les générations de marins qui l'ont précédé et ceux qui vivent les aventures qu'il a contribué à faire naître. En fournissant les plans de *La Perle* pour la construction de la bisquine *La Cancalaise*, ou ceux de la *Sainte-Jeanne* pour *Le Grand Léjon*, c'est en effet un peu, et même beaucoup grâce à lui que des bateaux de travail sillonnent à nouveau les eaux du littoral qu'il aime tant. Les associations de défense du patrimoine maritime savent d'ailleurs lui rendre hommage, comme ce fut le cas en juin 2005, où à l'initiative des Amis de la baie de La Landriais, des représentants de dix-sept d'entre elles étaient présents pour le saluer à Saint-Suliac.

Qu'il se saisisse de la barre du *Grand Léjon* ou de ses pinces de modéliste, Jean Le Bot reste un « amateur de marine » de premier brin !

Les Bretons, initiateurs des premières reconstitutions de voiliers de travail

Précurseurs en matière de recherches et d'organisation de grandes fêtes maritimes, les Bretons seront aussi les premiers à se lancer dans l'aventure de la reconstitution de voiliers de travail disparus. Les Douarnenistes mettent à l'eau en 1983 une réplique de chaloupe sardinière, *Telenn Mor* – qui navigue depuis plus de vingt ans à la voile seule ! En 1980, Yvon Le Corre avait baptisé *Eliboubane* un bateau à voile au tiers très proche des chaloupes douarnenistes. En 1984, l'association Communes de Lanmodez lance *An Durzunel*, un petit lougre de Loguivy.

Avec le lancement en 1987 de la bisquine *La Cancalaise* commence le temps des grands projets. De 1988 à 1992, le concours Bateaux des côtes de France, lancé par le Chasse-Marée, va soulever un engouement extraordinaire, notamment en Bretagne Nord, où des dizaines de projets donnent naissance aux reconstructions les plus diverses : *La Recouvrance* à Brest, le *Reder Mor* à Morlaix, *Barr Awel* à Locquémeau, *Le Grand Léjon* à Saint-Brieuc, la *Pauline* à Dahouët, le *Renard* à Saint-Malo…

Les charpentiers des Ateliers de l'Enfer, à Douarnenez, sont occupés à mâter un canot basse-indrais dont ils viennent d'achever la construction.

Construire, naviguer… mais aussi comprendre les gestes, les métiers, les manœuvres ; la rencontre avec les anciens marins de la voile éveille un intérêt plus large pour tout ce qui touche à la vie des communautés littorales. Ce sont toutes les activités liées à la mer que l'on souhaite bientôt sauvegarder : en 1985, un groupe de bénévoles crée l'écomusée de Plouguerneau pour transmettre la mémoire des goémoniers du pays Pagan, tandis que sur la côte des dizaines de fours à soude sont restaurés. En 1996, le magnifique moulin à marée du Birlot, sur l'île de Bréhat, est rebâti, et celui du Cracra en Plouézec retrouve une charpente et des ailes. Autour de ce patrimoine, des animations s'organisent pour faire revivre les gestes d'antan et les transmettre à travers des reconstitutions de scènes de travail.

Outre les associations et les institutions, certains marins restent liés à l'histoire d'un bateau. La figure de Paul Cornillet est ainsi indissociable du *Saint-Guénolé*, coquillier de la rade de Brest. Construit sur les grèves du Fret par Victor Belbéoch en 1948, le *Saint-Guénolé* pratiqua d'abord la pêche à la voile, puis avec un petit moteur. Désarmé en 1962, il reste échoué sur une vasière, où Paul Cornillet, marin pêcheur, le découvre en 1965, alors qu'il recherche un ancien voilier de travail pour vivre à bord. Toute sa fierté sera alors de naviguer à la voile seule et d'incarner la tradition des marins de la voile au travail.

En 1979, les animateurs de l'Ecole de mer du Trégor rencontrent Paul Cornillet : c'est le début d'une aventure qui va durer dix ans, pendant lesquels le patron et son bateau feront connaître la navigation aux enfants des classes de mer, participeront à différentes fêtes et formeront les premiers moniteurs de voile traditionnelle. Au décès de Paul Cornillet en 1988, le bateau est racheté par l'Ecole de mer du Trégor. En 1992, il subit une importante restauration au chantier d'Yvon Clochet pour retrouver ses formes d'origine ; il est alors classé monument historique. Après avoir été racheté puis vendu par la ville de Lézardrieux, et grâce aux efforts de l'association le *Saint-Guénolé*, il est acquis par la ville de Plougastel et revient en rade de Brest en 2003. Si sa gestion est aujourd'hui confiée au Centre nautique Armorique, le personnage emblématique qu'était Paul Cornillet a influencé toute une génération de jeunes marins, qui le considéraient un peu comme leur grand-père…

Jean-Pierre Guillou a lui aussi marqué ceux qui ont eu la chance de le connaître avant son décès accidentel en 2004. Ce Trégorrois, issu d'une famille de marins caboteurs, aquarelliste de talent, avait acquis une connaissance des bateaux remarquable en s'intéressant à tout ce qui naviguait dans les eaux d'Irlande, de Cornouailles, de Norvège ou de Bretagne Nord. Après avoir navigué sur *Sarah*, un Falmouth oyster-boat, il dessina les plans du bateau idéal pour sa zone de navigation, la région de Tréguier, le *Goezeog* (saumon sauvage).

Avec ce bateau, il avait souhaité retourner vers les « pratiques des écraseurs de crabes » pour naviguer autrement plutôt qu'ailleurs : « Le petit cabotage mais en flânant, avec escales improvisées, mouillages le plus souvent forains, échouages au fond de criques solitaires, passes étroites aux alignements confidentiels… » *Goezeog*, dériveur lesté, mis à l'eau en 1992, est un petit sloup houari demi-ponté, à la carène généreuse, large de l'arrière et haut de franc-bord, à la quille longue pour échouer facilement, mais avec une dérive pour une bonne marche au près, long de 6,60 mètres, construit chez Yvon Clochet. Jean-Pierre Guillou construira ensuite lui-même le *Thor Pen*, un très beau færing, puis un autre færing avec… une hache pour seul outil. Cet amateur des bateaux et navigations à l'ancienne, loin des « ports parkings », laisse derrière lui le sillage lumineux d'un amoureux de la mer et de la vie…

Jean-Pierre Guillou, l'ami disparu, et son færing *Thor Pen*.
Ci-dessous, Le *Saint-Guénolé*, après un long séjour dans le Trégor, revient dans ses eaux en 2003, escorté par deux autres coquilliers.

Les traditions orales des gens de mer ne sont pas oubliées : sur la côte trégorroise, Jean Kerleau, le « charpentier des grèves », transmet son savoir sur la construction traditionnelle et la navigation côtière dans la région de Paimpol-Pleubian, tandis que l'association Lambaol, à Lampaul-Plouarzel, mène un minutieux travail d'enquête, notamment sur l'activité des gabariers et la toponymie nautique en breton de la côte léonarde. Dès 1975, Jean Mahé, Michel Duédal et Jakez Guéguen collectent les témoignages et les chansons des marins terre-neuvas, tandis que les Pagans font vivre les chants et la ronde locale.

Beaucoup de ces projets ont bénéficié de l'investissement moral et financier des collectivités publiques, qui ont pris la mesure de l'importance du patrimoine pour développer des actions culturelles ou touristiques ; sans leur implication, certaines réalisations auraient été laborieuses, voire impossibles. La Ville de Brest s'est ainsi engagée dès le début dans la grande aventure de *La Recouvrance* ; celle de Landerneau est à l'origine de la reconstruction de la gabare *Dalh Mad* et la petite commune de Locquémeau s'est dépensée sans compter pour construire le flambart *Barr Awel*. Saint-Malo a même été jusqu'à amener le *Renard* à Paris devant la gare Montparnasse pour une opération de promotion touristique ! Mais, parfois, on constate aussi des échecs : ainsi la gabare *Mad Atao* se meurt-elle depuis 1998 sur un terre-plein de Lampaul…

Jean Kerleau, le « charpentier de grève », occupait sa retraite à de magnifiques travaux de modélisme naval.

Des voiliers traditionnels dans chaque port

La flottille de Bretagne Nord surprend aujourd'hui par son nombre et sa diversité. D'autant que parmi les bateaux qui naviguent ici, certains ne sont pas originaires du pays : c'est le cas, entre autres, du trois-mâts *Bel Espoir,* caboteur de la mer Baltique, que le père Jaouen fait naviguer à la voile depuis 1968 ; on songe aux malamocks – la première génération de chalutiers thoniers et langoustiers – gréés en dundées, à la *Nébuleuse* et au *Vieux Copain,* dans la rivière du Trieux, au *Sant C'hireg,* réplique de construction moderne de thonier, qui navigue aux Sept-Iles, à *Solweig,* inspiré d'un cotre pilote du Havre, qui sillonne la baie de Morlaix... Cette flotte est d'ailleurs si importante que ce livre ne peut l'évoquer dans son intégralité ; certains types de bateaux de la rade de Brest seront ainsi présentés dans le tome consacré à la Bretagne Sud.

Certains bateaux naviguent à titre privé, pour des croisières en solitaire ou familiales. D'autres appartiennent à des associations et naviguent avec leurs adhérents, moyennant une cotisation annuelle ; d'autres encore sont sous statut de Navire d'utilisation collective (NUC), ce qui impose la présence à bord d'inscrits maritimes pour encadrer les sorties.

Ainsi l'association Gouelia (« faire voile ») propose-t-elle une découverte des côtes bretonnes sur trois voiliers traditionnels, le *Corentin,* la *Belle Angèle* et le *Dahl Mad.* La flottille dirigée par Bob Escoffier à Saint-Malo, dont le fleuron est le trois-mâts terre-neuvier *Marité,* propose aussi des croisières sur *Popoff,* un ancien chalutier de 1946, *Etoile Molène,* un dundée thonier, *Etoile Polaire,* un yacht classique de 1914, ou *Etoile de Bricourt,* un harenguier de la mer Baltique de 1920... Ces associations, entreprises ou micro-sociétés ont développé une nouvelle activité économique, créatrice d'emplois directs et induits (chantiers, accastilleurs, voiliers...) ; le métier de charpentier bois, moribond dans les années 1970, est aujourd'hui porteur d'avenir.

Eliboubane et *Telenn Mor* (harpe de la mer), deux chaloupes sardinières, croisent en baie de Douarnenez. *Eliboubane* a depuis quitté la Bretagne pour les îles du Cap-Vert.

Le *Sirocco*, un ketch de 22 mètres hors tout, construit en 1946 au chantier Vernazza de La Rochelle, gisait à l'état d'épave sur l'île de Ré quand Bob Escoffier l'acheta en 1979. Restauré et rebaptisé *Popoff* (le surnom de guerre du père de Bob), il a été le premier bateau de la flotte Etoile Marine Croisières, gérée par le célèbre marin et Malouin d'adoption.

Tous les quatre ans, depuis 1983, les équipages des bateaux traditionnels de Bretagne Nord se réunissent à Ploumanac'h pour régater et faire la fête. Au mouillage lors de l'édition 2006, la plupart des voiliers emblématiques de cette côte sont présents.

Une flotte qui peut encore s'enrichir

Si les emblématiques trois-mâts terre-neuviers, goélettes islandaises, goélettes ou bricks de cabotage nécessitent pour être reconstruits des projets d'ampleur régionale, voire nationale, d'autres types de voiliers de Bretagne Nord, aujourd'hui oubliés, attendent encore qu'une équipe locale les mette en chantier : cotre pilote de Saint-Malo, chaland de Rance, gabare de Pleudihen à voile au tiers, bateau carrelet... Les projets de restauration sont par ailleurs toujours nombreux sur toute la côte, où des passionnés s'attachent à préserver et faire naviguer des bateaux qui ne méritent pas de disparaître. Ainsi, parmi bien d'autres voiliers, *Jeannie*, *Mélanie* et *Brise Lames*, trois magnifiques sloups de pêche liés aux constructeurs de la baie de Morlaix, attendent patiemment la fin de leur restauration à Kérema. Le *Brise Lames*, est à notre connaissance, le plus grand et le plus beau des cotres de pêche de Carantec subsistant aujourd'hui. De nouveaux lancements, de nouvelles navigations, de nouvelles expériences en perspective !

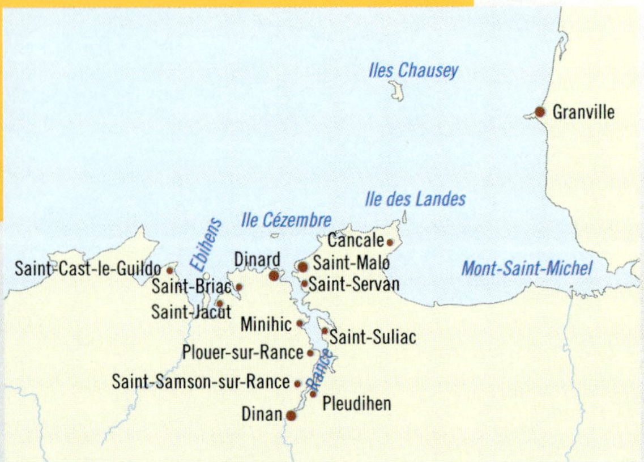

Une silhouette insolite semble donner l'assaut au phare du Grand Jardin : c'est le cotre corsaire le *Renard* qui porte haut le pavillon de Saint-Malo.

Du Mont-Saint-Michel au cap Fréhel

Sur la grève de Cancale, les trois-mâts morutiers de la grande pêche voisinent avec les bisquines et les macrotiers, qui pratiquent les petits métiers comme la ligne et les casiers.

Dans les années 1900, une centaine de bisquines croisaient dans la baie du Mont-Saint-Michel. Le modèle le plus abouti, à la voûte très élégante et au gréement spectaculaire, adopté pour la construction de *La Cancalaise,* date de ces années-là. Les plus toilés de tous les bateaux de pêche français s'affrontaient lors de régates farouchement disputées entre Cancalais et Granvillais, qui commencèrent en 1845 pour s'éteindre avec la disparition des dernières bisquines à la veille de la Seconde Guerre mondiale.

Les modestes canots jaguens et les dragous, eux, naviguaient entre Saint-Jacut et Saint-Briac, tandis que de petits sloups à corne, les macrotiers, déployaient leur perche de châtaignier pour pêcher le maquereau aux lignes traînantes. Dans l'estuaire de la Rance, chalands et gabares approvisionnaient Saint-Malo en matériaux de toute sorte, mais ces bateaux ont disparu. Les rives, qui abritaient jadis de nombreux chantiers de construction, lançant notamment des doris par centaines pour les navires terre-neuviers, accueillent en revanche toujours ces embarcations qui furent utilisées, après leur campagne sur les bancs, par les pêcheurs locaux. Sur les chippes, petits bateaux pointus aux deux extrémités, d'autres pêchaient le lançon à la senne sur les bancs de sable de l'estuaire. Les bateaux carrelets, à fonds plats, munis d'un long aviron, pratiquaient la pêche aux saumons, soles, plies, civelles, autour de l'écluse du Châtelier…

Dans la baie du Mont-Saint-Michel, qui découvre jusqu'à huit kilomètres, les huîtres plates de Cancale et les moules de bouchot du Vivier-sur-Mer, activité pratiquée depuis les années 1950, continuent d'assurer la notoriété de ce pays maritime dont Saint-Malo illustra la grandeur. Saint-Malo connut ses heures de gloire aux XVIIe et XVIIIe siècles, quand ses marins partaient pour des voyages de découverte ou sur les routes commerciales de tous les océans. Si les noms illustres de Duguay-Trouin et de Surcouf lui ont valu le surnom de « cité corsaire », les travaux des historiens Delumeau et Lespagnol ont tempéré cette image. Ce furent surtout l'armement à la grande pêche et le négoce international qui permirent d'édifier les majestueuses demeures de granit qui, au cours des quatre extensions dues à Garangeau au XVIIIe siècle, transformèrent la cité médiévale en une ville ceinte de remparts, un temps la plus riche du Royaume.

La grande pêche à Terre-Neuve y était florissante : les trois-mâts terre-neuviers embarquaient des centaines d'hommes recrutés dans tout l'arrière-pays. La pêche morutière à la voile disparut avec le désarmement du dernier bateau, en 1952. Détruite à 80 % en 1944, puis reconstruite presque à l'identique, la ville demeure aujourd'hui le premier port de Bretagne Nord pour le commerce et le transport de passagers vers la Grande-Bretagne, l'Irlande et les îles anglo-normandes. Elle a su affirmer sa place dans la plaisance en offrant des infrastructures de qualité et en accueillant le départ de la Route du Rhum et de la transat Québec-Saint-Malo. En juillet 2006, la célèbre Tall Ships' Race a fêté ses cinquante ans en faisant étape à Saint-Malo, avec plus d'une centaine de grands voiliers. Ils y ont croisé la belle flottille de Bob Escoffier, composée des voiliers *Marité, Etoile Molène, Popoff, Etoile Polaire, Etoile de Bricourt,* et d'unités modernes.

La Rance n'accueille plus que des plaisanciers. Depuis 1966, le barrage, lié à l'usine marémotrice – seule centrale au monde à exploiter l'énergie de la marée –, a modifié le cycle naturel du flot et du jusant : les étales sont prolongées, le marnage réduit et les courants plus modérés dans l'estuaire où la vase a remplacé le sable. L'été, un éclusage a lieu toutes les heures : le pont doit être levé pour laisser passer les voiliers, ce qui interrompt la circulation automobile.

Malgré cela, l'estuaire de la Rance, bien protégé par la loi Littoral, reste un magnifique plan d'eau et un paradis pour les écoles de voile et les voiliers. Il permet d'accéder aux nombreuses animations qui se déroulent sur la Rance : De cale en cale pour les doris, la Fête des copeaux à Saint-Suliac, la Fête de la margate à Plouër-sur-Rance ou la Route du cidre de Dinan, organisée par les Old Gaffers, pour ne citer que celles-là…

La bisquine La Cancalaise

Les bisquines pratiquaient la pêche au chalut dans la baie du Mont-Saint-Michel ; les plus grandes faisaient aussi le métier des cordes et les plus petites, appelées *bayoux*, la ligne de traîne. En mars et avril, elles s'alignaient, formant un majestueux tableau, pour la drague des huîtres sauvages : la caravane de Pâques. Ces fortes unités, dont les dernières ont disparu dans les années 1940, possédaient deux mâts gréés au tiers, portant une misaine et une grand voile, surmontée chacune d'un hunier et d'un perroquet, et d'un mât de tapecul ; à l'avant, elles hissaient un grand foc.

Cancale était doucement en train de perdre la mémoire de son patrimoine maritime quand, en 1965, un Rennais, le docteur Jean Fénard, y vint pour une régate de monotypes. Remarquant chez un commerçant une ancienne photo d'un bateau qui l'intéressait, il apprit qu'il s'agissait du bateau du pays, la bisquine. Il n'eut alors de cesse, en rassemblant quelques Cancalais, de créer l'association des Amis des bisquines, qui a depuis réalisé un exemplaire travail ethnologique et culturel, même si elle n'a pu réaliser son premier but : faire revivre une bisquine.

L'idée est reprise en 1984 : Jean-Paul Froc, Jean-Yves Jamet et le peintre Marek deviennent les principaux artisans de la fondation de la dynamique Association bisquine cancalaise (ABC). Précurseur dans la reconstruction d'un bateau de travail, cette association va devoir réunir un budget estimé à 2 millions de francs ! Le coût de ce gigantesque projet s'élèvera finalement à 3 millions, mais il sera soutenu par de nombreuses collectivités publiques, dont la ville, et des mécènes privés.

Le 18 avril 1987 fut un jour de liesse à Cancale : 20 000 personnes se pressaient sur le quai de La Houle pour assister au lancement de la bisquine du pays, *La Cancalaise*.

C'est sur les plans de *La Perle*, une bisquine de 1905, confiés à l'association par Jean Le Bot, que le travail commence : la charpente axiale est montée sur le quai de La Houle en septembre 1985, grâce aux charpentiers de marine Alain Leclerc de Saint-Malo et Charles Fresneau de Saint-Lunaire, coordonnés par le Malouin Raymond Labbé. Après son lancement en 1987, largement relayé par la presse, les premières sorties de la bisquine se font avec les anciens, dont les conseils sont précieux pour manœuvrer une telle cathédrale de toile : *La Cancalaise* peut envoyer 350 m² de voile sur ses trois mâts… excusez du peu !

Ce bateau de 18,10 mètres (30 mètres hors tout), large de 4,80 mètres au maître-bau, calant 2,50 mètres et déplaçant 45 tonnes, navigue aujourd'hui avec un équipage de quatre marins, virtuoses reconnus des manœuvres spectaculaires. Ils peuvent embarquer vingt-quatre personnes à la journée et douze sur une croisière de plusieurs jours. Le voilier est emménagé avec douze couchettes dans le carré avant et cinq dans le poste arrière. L'exemple sera contagieux : les Normands lancent en 1990 *La Granvillaise*, sur les plans de la *Rose-Marie* du chantier Julienne de Granville. Depuis, les deux bisquines ne manqueraient pour rien au monde leur régate annuelle !

L'ABC, actuellement présidée par Pascal Auffret – la présidence, tournante, change tous les deux ans environ – compte quelque quatre cents adhérents, dont certains sont plus qu'attachés au bateau, à l'instar de ce groupe de Bruxellois qui prend chaque année une semaine de congés pour venir travailler à bord ! « Nos adhérents sont notre force, ils sont fidèles et réalisent des efforts considérables lors des travaux d'hiver. Sans eux, on ne tiendrait pas le coup, alors on les dorlote ! », confie Chantal Cléraux, secrétaire de l'association. Les deux tiers des sorties et croisières leur sont ainsi réservés et, début avril, des stages de formation leur sont destinés pour former de nouveaux équipiers ; le reste du temps, *La Cancalaise* navigue en NUC avec un public payant.

Cette formule originale permet d'encaisser les coups durs. En février 2005, le mât de misaine a dû être changé : adhérents et mécènes se sont aussitôt mobilisés pour répondre à une souscription. Leur générosité sera à nouveau sollicitée quand il faudra renouveler le jeu de voiles ! En attendant la fête qui marquera les vingt ans de la bisquine en 2007, le dynamisme ne faiblit pas : en 2005, *La Cancalaise* a navigué 190 jours !

Le grand foc amuré sur le solide bout-dehors, gonflé par la brise, et l'étrave qui fend la vague dégagent une forte impression de puissance.

La Cancalaise navigue sous voilure réduite : elle n'a gréé ni son hunier de tapecul, ni ses petits et grands perroquets.

Apprendre avec les anciens s'est révélé indispensable pour retrouver les gestes d'antan, comme durant cette démonstration de drague des huîtres.

Son père s'appelait Joseph et il était charpentier ; cela ne s'invente pas. Le petit Raymond choisira lui aussi le bois. « Quand j'ai pris le rabot, il m'a juste dit que j'allais faire un métier de misère. » Apprenti menuisier à quatorze ans, puis gérant d'une entreprise de menuiserie, il s'oriente vers la charpente navale quand M. Craipeau vient le chercher en 1953 pour diriger le chantier de l'avenue Louis-Martin de Saint-Malo. Raymond n'y connaîtra que des bonheurs : celui de construire plus de deux cents bateaux, de vivre dans les essences de bois et de rencontrer des marins et architectes de tous les milieux.

« Moi, quand on me demande de construire un bateau, je suis content ! », disait Raymond Labbé. La construction d'une unité aussi impressionnante que *La Cancalaise* a dû lui donner beaucoup de bonheur !

Après les chalutiers de pêche et les doris, puis les vedettes et les chaloupes, il découvre dans les années 1950 le yachting. « Entre le chantier et l'acheteur, les relations étaient longues, suivies. [...] Aujourd'hui, on achète un bateau comme une auto. » De quoi laisser s'ancrer de profondes amitiés, comme celle qui le liait à Eugène Cornu et à John Illingworth, pour lequel il construisit une douzaine d'unités, dont ses deux yachts personnels... En 1965, au yacht-club de Cowes, Raymond rencontre Eric, son « frangin ». C'est le début d'une longue complicité autour des *Pen Duick*. Dans les années 1980, Raymond est naturellement associé au renouveau du patrimoine maritime : il exprime toute la finesse de son art sur *La Cancalaise* et le *Renard*.

Seul expert maritime auprès du ministère de la Culture depuis 1985, il dispensait ses conseils pour le classement des bateaux au titre des monuments historiques. Il était depuis 1992 de toutes les risées qui animent le chantier de l'*Hermione*, en tant que vice-président de l'association et charpentier émérite. Pour tant de services rendus, le petit gars du quartier de la Cité à Saint-Servan, né dans les copeaux, sera fait officier des Arts et des Lettres. Mais malgré sa passion, sa joie de vivre, sa malice et son enthousiasme intact, Raymond Labbé ne verra pas son dernier grand œuvre prendre la mer. Il s'est éteint à 83 ans, en décembre 2005, en laissant derrière lui l'image d'un homme de bien et du beau...

Le Renard, cotre corsaire de Saint-Malo

Les conflits avec la Grande-Bretagne, entravant le commerce et ruinant la pêche à Terre-Neuve, causaient un grave préjudice aux armateurs malouins. D'où l'idée, comme dans d'autres ports également victimes de l'ennemi, de rendre la pareille en « armant en course ». A Saint-Malo, la course engendra d'énormes profits, mais ce ne fut pas, quoi qu'on en ait dit, la principale cause de richesse de la ville. Les derniers succès furent le fait de Robert Surcouf, qui porta la guerre dans la mer des Indes ; en quarante-quatre mois de navigation effective, il amassa une fortune considérable qui lui permit de se retirer à Saint-Malo, où il continua à armer pour la Manche quelques petits cotres corsaires, survoilés, rapides et remontant bien au vent, dont il confiait le commandement à des proches. Le dernier fut le *Renard*, de 70 tonneaux, qui s'illustra en 1813 en détruisant une forte goélette de guerre anglaise, l'*Alphea*.

En 1987, lorsque la bisquine cancalaise sortit de son chantier, ces messieurs de Saint-Malo furent piqués au vif : le port malouin se devait de faire renaître un bateau aussi prestigieux que sa voisine ! L'épopée corsaire remporta les suffrages : le *Renard* naîtra des plans du *Requin*, un cotre de Dunkerque de 1793, long de 19 mètres et large de 5,78 mètres. Le descendant du corsaire, nommé lui aussi Robert Surcouf, prit la tête de l'association qui allait piloter la reconstruction, autour du charpentier Raymond Labbé, de Thierry Echard, historien et architecte du projet, et de dix-huit volontaires, qui reçurent le soutien de la municipalité malouine et des collectivités publiques. Construit en public, le cotre a englouti 90 m³ de chêne, en plus des espars en pin d'Oregon et du pont en iroko ; il fut lancé à l'ancienne en mai 1991.

Image emblématique du port de Saint-Malo, le *Renard*, sous-toilé par rapport aux unités dont il s'inspire, n'en offre pas moins un spectacle apprécié quand il navigue devant les remparts de sa cité.

La voilure de 250 m² est un peu réduite par rapport aux cotres surtoilés de l'époque. La facilité de manœuvre y a gagné, mais le bateau a perdu un peu en puissance et il a besoin d'une bonne brise pour déplacer ses 44,5 tonnes. Son exploitation en NUC impose la présence de trois salariés à bord, qui encadrent douze personnes pour des croisières (de La Rochelle à Portsmouth) ou vingt-sept passagers à la journée, essentiellement une clientèle d'entreprise, même si une convention passée avec la mairie permet d'embarquer un public de scolaires ; des groupes d'amis, des associations et des individuels (dont le nombre augmente) se sont aussi glissés parmi les trois mille passagers ayant embarqué en 2005, au cours des 150 jours de mer.

Malgré tout, son exploitation ne permet d'assurer que l'entretien courant du navire : « Si on a un coup de Trafalgar, c'est l'incertitude », constate François Viguié, le commercial de l'association. Car la charge devient de plus en plus lourde au fil du temps : le mât, un arbre à l'origine, a été remplacé par un espar en lamellé-collé, la bôme et le bout-dehors ont aussi été changés, entraînant de sévères dépenses. La grand voile d'origine aurait, elle aussi, bien besoin d'être remplacée… « Ce qui nous sauve, c'est l'histoire du bateau, le côté corsaire, et la place forte de Saint-Malo, où les gens viennent spontanément à nous. » Le *Renard* symbolise bien l'esprit malouin, mais s'il a coutume de tirer un coup de canon à chacune de ses arrivées dans un port, c'est juste pour le plaisir et en aucun cas pour engager un nouveau combat…

Granville et Saint-Malo se mesurent sportivement par voiliers interposés : le *Renard* et *La Granvillaise* naviguent bord à bord sur leur aire de jeu de la baie du Mont-Saint-Michel, qui s'étend jusqu'aux Minquiers et à Chausey.
Ci-dessus : Les canons sont en aluminium et actionnés par des boute-feux électriques... mais ils font illusion !

Maria, la chippe de Saint-Suliac

La chippe est le drôle de nom – peut-être attesté sous la plume de Rabelais – de canots de la région malouine et de la Rance. Complètement oubliés partout ailleurs, ils ont persisté seulement à Saint-Suliac, désignant les bateaux d'une pêche disparue avec le barrage de la Rance, et dont ce port s'était fait l'unique spécialiste en Bretagne Nord, celle du lançon. Les chippes suliaçaises étaient de petits canots à arrière pointu qui allaient traquer le lançon à la senne sur les bancs de sable de l'estuaire de la Rance. Propulsés à l'aviron, aidés par le courant et par une petite voile au tiers, ces bateaux avaient disparu dans les années 1940, avant que *Maria* ne vienne en rappeler le souvenir.

Aimé Lefeuvre, un ancien Terre-Neuvas, mémoire de la grande pêche et de son Saint-Suliac natal, ainsi qu'un jeune du pays, Yves De Nardi, ont conçu le projet de reconstruire une chippe, pour lequel ils furent encouragés et aidés par un amoureux du pays, Julien Petry. Manquant de documents précis, ils firent appel à Jean Le Bot qui en avait retracé les plans de formes et de charpente, grâce aux dossiers hérités du chantier Lemarchand.

Le bateau, qui mesure 5,37 mètres de long pour 1,99 mètre au maître-bau, construit au chantier Alain Leclerc de Saint-Malo à la demande de la section « chippe » du centre nautique suliaçais, a été livré en juillet 1991. Son faible tirant d'eau (0,45 mètre) et son déplacement léger sont très adaptés à la navigation en rivière et en estuaire. Les quatre avirons, appelés *hamblons*, de 3 mètres de long et de section rectangulaire, pivotant sur un tolet unique, sont plus souvent sollicités que la voile. Bénie au cidre du pays, *Maria* a vu le jour lors d'une belle fête, organisée par les membres du centre nautique, qui a disparu en 1994.

La chippe a pris depuis son indépendance. Elle est gérée par une association, qui compte entre 60 et 80 membres selon les années, et qui repose sur un noyau d'une quinzaine d'actifs très dynamiques, lesquels ont notamment refait son calfatage il y a trois ans, avec les conseils d'un charpentier. Chaque année, *Maria* est mise au sec en novembre et, avant de retourner à l'eau, les bénévoles assurent tous les travaux d'entretien courant. Quand elle ne navigue pas dans la Rance, elle va participer aux fêtes de Douarnenez, à la Semaine du golfe du Morbihan et même aux régates du Bois de la Chaise à Noirmoutier. Pour 2006, Denis Berthelot, Pascal Piot, le nouveau président, et leur équipe, peaufinent un grand rêve : faire traverser la Manche à *Maria* (sur un ferry !) et l'aligner au départ des régates de Kinvarra, en baie de Galway (Irlande) !

Sur *Maria*, les grands avirons, appelés *hamblons*, qui pivotent sur un tolet unique, sont plus souvent sollicités que la misaine.

Ramassé et solidement toilé, le petit dragous *Frotte Berniques* peut embarquer dix personnes… quand il n'offre pas un repos mérité à ses matelots.

Frotte Berniques, dragous de Saint-Jacut

Lancé en 1988, *Frotte Berniques* est une réplique de dragous, des bateaux qui devaient leur nom à la pêche qu'ils pratiquaient, la drague au chalut à barre. Ils ont navigué jusqu'à la guerre de 1914-1918, mais il n'en restait même plus une épave lorsque l'association Dragous de Saint-Cast, composée de passionnés d'histoire maritime, s'est constituée en 1986 pour en construire une réplique. Gilles Godefroy, le président, et ses amis se sont appuyés sur les recherches de Michel Duédal, historien maritime et syndic des gens de mer, et sur les plans du chantier Lemarchand, confiés à l'association par Jean Le Bot. La réplique de ce fort canot de 6,60 mètres (12,50 mètres hors tout), calant 1,40 mètre, a été construite par Yvon Clochet à Plouguiel, avec des subventions des collectivités locales.

Gréé d'un foc sur un bout-dehors, d'une misaine au tiers, d'un taillevent et d'un hunier, *Frotte Berniques* peut porter 60 m^2 de toile ! Sa première grande sortie sera pour les fêtes de Douarnenez, où elle va vivre trois semaines de navigation (sans moteur), avant d'assurer des stages de découverte du milieu marin dès 1988. L'association a fait naviguer le dragous pendant cinq ans avant de le confier au centre nautique de Saint-Cast qui le gère depuis 1993, embarquant dix personnes, dont le patron, pour des navigations en baie de Saint-Cast, autour des Ebihens et du cap Fréhel. « Pour un bateau de cette taille, c'était la solution collective la mieux adaptée », se félicite Gilles Godefroy. Le centre nautique a créé une section voile traditionnelle autour du dragous et les chefs de bord, polyvalents, le prennent en main à tour de rôle. Ils accueillent des groupes de scolaires hors saison et de nombreux touristes l'été, avec le souci de transmettre une certaine culture maritime. Quant aux membres de l'association, ils empruntent volontiers *Frotte Berniques* quand elle est libre pour participer aux fêtes maritimes. Le bateau possède toujours son chalut à barre, réalisé par les élèves du lycée maritime de Saint-Malo, avec lequel il a fait des démonstrations de pêche.

Deux marins et modélistes de Saint-Cast présentent des maquettes de dragous et de *boucada* – un dragous à voile unique.

Les petits canots jaguens

Les marins de Saint-Jacut-de-la-Mer et Saint-Briac pratiquaient la pêche côtière, celle du maquereau de mai à septembre, et plus rarement la pêche aux casiers et aux cordes en hiver. Longs de 4 à 6 mètres, non pontés, avec une coque râblée, bordée à franc-bord, dotés d'une forte étrave, les canots jaguens portaient une grand voile sur le mât implanté sur un solide brion d'étrave, et un mât de tapecul caractéristique.

La *Margate*, construite en 1946 au chantier Lemarchand de La Landriais, a été retrouvée dans un chantier à l'entrée de Saint-Jacut par Yann Guesdon : « C'était un petit macrotier bien défendu de l'avant, à l'étrave presque droite, et avec de belles lignes d'eau. » Acquis par l'association Doris, le canot a été restauré à Plouër-sur-Rance par Yann Guesdon, Yves Le Meilleur et Alain Guillet, avec l'objectif d'être prêt pour les fêtes de Douarnenez 1988. Et le pari fut tenu : tractée par un cheval, la *Margate* a été mise à l'eau lors d'une jolie fête, avec bénédiction et bouquets d'ajoncs. Ce petit canot de 4,04 mètres hors tout porte une belle voilure de 23 m^2, avec grand voile, foc, trinquette, foc et flèche. Yves Le Meilleur l'entretient et navigue aujourd'hui en Rance ; alors qu'elle passait tranquillement l'hiver au chantier de La Passagère, la *Margate* a eu la mauvaise idée de perdre son lest ! Quelques travaux seront donc nécessaires avant de retourner à l'eau…

La *Brise* est une réplique d'un canot jaguen construite par les Ateliers de l'Enfer de Douarnenez en 1991, à partir de plans relevés de l'épave d'un bateau (1935) du chantier Guerlava de La Richardais, construit pour un patron pêcheur de Saint-Jacut. Propriété de l'association La Trace des anciens, cette réplique est aujourd'hui basée à Fécamp et navigue sur la côte d'Albâtre.

Avec ses belles lignes et une étrave bien défendue, la *Brise*, canot jaguen construit aux Ateliers de l'Enfer de Douarnenez, est la réplique d'un bateau de 1935.

La Margate affiche un impressionnant gréement de bourcet-malet pour sa taille de 4,04 mètres. Elle doit son nom aux seiches qui viennent se reproduire dans l'estuaire de la Rance.

Les doris de plaisance

Employé depuis longtemps par les pêcheurs du Maine et de Nouvelle-Ecosse, le doris est d'origine américaine ; il fit son apparition en France dans les années 1870, où il supplanta très rapidement les dangereuses chaloupes du banc. Il s'en construisait chaque année des centaines dans les chantiers de Saint-Malo et de la Rance. Embarqués sur les navires terre-neuviers, les doris étaient armés sur les bancs par deux hommes pour mettre les lignes à l'eau. Ils étaient propulsés à l'aviron, mais les marins établissaient volontiers des voiles légères.

Longs de 6 mètres, avec une sole légèrement incurvée, un avant pointu et un arrière formé d'un tableau à écusson, ces bateaux possèdent une tonture très caractéristique qui les fait ressembler à un sourire posé sur l'eau ! Légers, très maniables et sûrs, ils présentaient, en outre, l'avantage de s'empiler sur le pont des navires et de se mettre aisément à l'eau. Les doris faisaient rarement plus d'une ou deux campagnes sur les bancs, car ils étaient maniés rudement. Des centaines d'entre eux furent ainsi vendus à bas prix au retour des campagnes et acquis pour la petite pêche, parfois même pour le transport du sable ou du goémon.

Les rassemblements de doris sont autant d'occasions de naviguer en famille et de partager une passion commune sur un bateau local simple et économique.

L'ancienne embarcation de travail et de servitude des morutiers a vu ses formes évoluer pour s'adapter à la navigation de plaisance en famille. C'est le cas, entre autre, des doris construits par le chantier de Camille Gaboriau, sur la Rance.

Si les doris n'ont jamais disparu des rives de la Rance, le développement de la plaisance a enrichi la flottille de nouvelles unités : en se promenant, on en voit par dizaines, mouillés dans les petites anses. Le chantier de Camille Gaboriau, installé à Pleudihen-sur-Rance, a ainsi lancé une quarantaine de doris depuis sa création en 1997. Le petit Gab (4 mètres), le mini Gab (3 mètres) et le grand Gab de 6,30 mètres sont des doris adaptés au goût du jour, mais qui conservent le savoir-faire du charpentier bois qu'est Camille, qui a, par ailleurs, participé à la construction du *Renard* et construit trois yoles 1796 entre autres faits de guerre !

« Ce sont des doris inspirés de ceux de Terre-Neuve, explique-t-il, mais avec une technologie étudiée : les clous sont en bronze pour éviter la rouille, les rivets en cuivre, les bordés en pin Douglas. Je leur ai mis une voile au tiers comme sur les canots de Chausey et on peut gréer aussi un petit foc. Ils ont une dérive centrale et un safran rabattables, le franc-bord est plus haut pour ne pas se faire tremper… » Ces petits bateaux sont une école idéale pour l'apprentissage de la voile-aviron et plusieurs centres nautiques en ont déjà acquis.

L'engouement est tel que la société V3C Nautique va même jusqu'à construire des doris avec coque en polyester et finitions bois à Saint-Samson-sur-Rance ! Vincent Campion a ainsi conçu et commercialisé une quinzaine d'unités, dont deux en Méditerranée.

Quand l'Association de développement de la vallée de la Rance (ADVR) lança De cale en cale, le premier rassemblement de doris au début des années 1990, seuls cinq ou six répondirent à l'invitation ; lors de l'édition de 2005, ils étaient cinquante-huit ! Cette fête « consiste à rassembler tous les volontaires, associations et particuliers, et à rallier à l'aviron toutes les communes riveraines de la Rance lors de deux journées, dans un esprit plus convivial que compétitif. Le départ s'effectue à partir d'une commune qui change chaque année. Aux étapes, un accueil en musique et une collation sont prévus. Un concours est organisé : en 2005, il s'agissait de peindre sur le thème de la Rance et des doris et, en 2006, le concours porte sur le doris le plus authentique », raconte Jean-François Hourrière, président de l'association des Amis de la baie de La Landriais ; celle-ci organise des courses de doris très appréciées lors des journées du patrimoine.

La flottille des macrotiers

Construits dans les chantiers des bords de Rance, de Saint-Malo et de Saint-Servan, les sloups macrotiers, encore nombreux à la veille de la Seconde Guerre mondiale, furent décimés par les bombardements de 1944. Ces sloups à corne, de 4 à 8 mètres, demi-pontés, à tableau droit, et plus rarement à voûte, pêchaient le maquereau aux lignes traînantes dans les baies de Saint-Malo et Cancale, entre juin et octobre. Une vingtaine de macrotiers sillonnent encore les eaux du pays. Le plus ancien est la *Mauve*, construit en 1913 au chantier Mallard de Saint-Servan, qui a été restauré par Jean-Paul Froc en 1983. Il ne navigue plus aujourd'hui, atteint par « la vieillerie », comme dit son propriétaire.

Le Triomphant appartient à Olivier Gruel, qui l'a acquis en 2002 pour un euro symbolique, alors qu'il gisait abandonné à quelques encablures de Granville. Ce macrotier, construit en 1921 au chantier Mallard de Saint-Malo, mesure 5,5 mètres (7 mètres hors tout) pour 2,05 mètres de large et cale 1,10 mètre. Le tableau arrière et l'étrave ont été remplacés, la moitié des bordages ont été refaits et le pont a été réalisé en contre-plaqué iroko. Olivier a ensuite récupéré espars, accastillage et voiles sur d'autres bateaux. Depuis la fin de la restauration, son patron, qui a appris à naviguer à bord du *Triomphant* – doté d'un petit rouf – sillonne avec lui les eaux de la Rance.

Trois images du *Triomphant* à trois moments de sa longue vie. L'épave rachetée en 1981 navigue à nouveau dans les eaux calmes de la Rance.

Les Copeaux d'à bord

Ils sont une centaine d'adhérents dans cette association dont le nom dit assez la bonne humeur qui les anime et la passion du bois qui les rassemble. Créée en 2001 pour restaurer le macrotier *Saint-Expédit*, l'association compte de nombreux propriétaires de bateaux traditionnels dans ses rangs et organise chaque année la fête des Copeaux. « On n'est pas trop versé dans la compétition, on aime plutôt les balades conviviales, alors on ne fait pas de régate, mais une petite parade avec nos bateaux devant Saint-Suliac », commente Pierre Mérel, le vice-président, surnommé « Veille au grain », car ici tout le monde a un surnom ! Entre autres animations pendant ce week-end de fête, le public a pu vivre en direct une course de crabes verts ou se départager lors d'une dégustation d'eau à l'aveugle !

Le président des Copeaux d'à bord, Serge Le Louët, alias « Coup de roulis », navigue sur un joli bateau, le *Sainte-Anne*, construit en 1924 à Loguivy-de-la-Mer, où il exerça le métier de goémonier, puis le commerce de l'araignée à partir de 1937 avec un pêcheur qui amena le bateau dans la Rance. En 1939, il retourna à Loguivy avec la famille de Jean Caous, pêcheur, mareyeur et aquaculteur bien connu de ce pays, avant de revenir définitivement après-guerre dans la Rance, où il travailla au transport de crabes et à la pêche au maquereau. Serge Le Louët a racheté le *Sainte-Anne* en 1996 et l'a regréé comme il l'était à l'origine.

Le *Reder Mor*, lui, est un bateau de 1964, construit à Saint-Cast au chantier Lagadeuc, qui appartient à Claude Morvan. Ce bateau a pratiqué la pêche plaisance entre Saint-Cast et Saint-Jacut. Il a été construit comme les anciens macrotiers ; son étrave est ronde et son tirant d'eau important pour sa taille (1,15 mètre pour 5,13 mètres). Après avoir passé un temps avec les Scouts marins – qui l'ont doté d'un safran en tôle et d'un gréement de misainier –, il semblait devoir terminer sa vie sur une grève de la Rance, lorsque son actuel propriétaire l'a racheté et restauré. Basé à Saint-Suliac depuis une dizaine d'années, *Reder Mor* participe à toutes les fêtes et l'on peut voir « Ciel couvert » (monsieur) et « Embellie » (madame) affronter à son bord toutes les nuances du climat breton !

Mor Braz à Eric Riou est un canot paimpolais de 1948 dont le constructeur reste à ce jour inconnu ; ce petit bateau de 4 mètres a sans doute servi d'annexe pour les bateaux de pêche. La pose d'un passavant et d'un franc-bord plus élevé, la modification du tirant d'eau et son gréement de 22 m² (grand voile, foc, trinquette et flèche), en font un bateau rapide, marin et bon marcheur, selon les dires de son propriétaire, qui l'a basé à Saint-Suliac en 2002.

***Saint-Expédit* et *Mor Braz* figurent parmi les nombreux macriotou restaurés que l'on trouve sur les mouillages de la Rance.**

Le *Saint-Expédit* a été construit en 1927 par le chantier Lanier et Lebreton de Saint-Malo pour le compte de Jules Cléret, marin pêcheur à Cancale. Ce cotre macrotier de 5,96 mètres et de 2,30 mètres de large a été utilisé par son premier patron pendant une vingtaine d'années ; il a changé plusieurs fois de mains avant d'être armé à la plaisance par différents propriétaires – un rouf lui a été ajouté et le plan de voilure a été modifié à cette époque. L'association Les Copeaux d'à bord a racheté ce canot à étrave et tableau droit en 2003, à Pierre Mérel, pour le restaurer et le remettre dans son état d'origine. Le bateau a retrouvé son élément en avril 2004 et navigue aujourd'hui avec les membres des Copeaux d'à bord.

Le *Chasseur* a été remis à l'eau en juin 2002, après avoir été restauré par l'association La Gueuza, qui gère le yacht-club du même nom à La Richardais. C'est une très belle unité de 1931, construite à La Richardais, pour la pêche au maquereau. Belle, mais aussi historique,

Le Chasseur, voile ferlée. Ce bateau appartient au yacht-club de la Gueuza, ainsi nommé pour rendre hommage aux « gueux », les ouvriers des chantiers de la Rance.

puisque ce bateau a été réquisitionné par les Américains pour aller signer la reddition allemande sur l'île Cézembre ! « Ce bateau nous est tombé dessus au moment où on créait le yacht-club. Comme on a un peu l'esprit rigolo, on a dit d'accord ! Après le temps qu'on a passé à travailler dessus, on s'octroie aujourd'hui le plaisir de naviguer avec », explique Franck Belliard. Reste encore à acquérir une grand voile et un foc pour que le plaisir soit complet car, pour l'instant, il navigue avec des voiles d'emprunt. Cette joyeuse équipe (dont une douzaine de membres possèdent un voilier traditionnel...) amène déjà le *Chasseur* sur toutes les fêtes qui animent la saison en Rance.

Le *Nhabé*, porte le nom d'une ville de la rivière de Saïgon, où son propriétaire Léon Jaublé travaillait comme pilote. Comme l'exotisme de son nom ne le laisse pas entendre, le *Nhabé* a pratiqué la pêche au maquereau entre Dinard et Dinan, après avoir été construit par le chantier Lanier de Saint-Malo en 1951 sur les plans de la maison Mallard de Saint-Servan. En 2001, une association s'est créée pour le restaurer à l'identique au Minihic-sur-Rance et remettre à flot ce sloup à tableau de 5,83 mètres, pour 2,27 mètres de large, qui cale 1,04 mètre.

Construite en 1912 au chantier Mallard de Saint-Servan, la *Germaine* est un grand cotre de 8,10 mètres qui possède une voûte élégante, ce qui la différencie beaucoup des macrotiers déjà cités ; basée au bassin Vauban de Saint-Malo, elle navigue toujours. *Mélusine* fut construite en 1983 au chantier Fresneau de Saint-Lunaire pour M. Berret... qui voulait battre la *Germaine* en régate ! Il a donc modifié un peu ses plans, notamment en reculant le maître-bau et en affinant son avant. *Mélusine*, joli cotre de 8,20 mètres, fut racheté par le Centre nautique de Saint-Cast avec lequel il navigua quelques années.

C'est ensuite Javier Valles qui l'acquiert et, comme il réside en Angleterre, il laisse le bateau aux bons soins de l'équipe du Centre nautique. « Le bateau est en excellent état. C'est un très beau voilier, qui a l'aspect extérieur d'un bateau traditionnel ; même si sa construction est en double bordé, collé à l'époxy, cela ne se voit absolument pas. Sur mer plate, il est sans doute un peu plus rapide que la *Germaine*, mais en pleine mer, il peut être un peu dangereux », souligne Gilles Godefroy.

Saint-Pierre, *Astrolabe*, *Malamoque*, *Patience*, *Christiantia*, *Rigel*, *Tocxon*, *Providence* sont quelques-uns des macrotiers qui naviguent encore, tandis que *Marie* est conservé au musée du Bateau de Douarnenez.

Mélusine, la fée des macrotiers ! L'élégante voûte s'inspire de celle des yachts de plaisance et contraste joliment avec l'étrave très droite.

Les gabares Ar Zenith et Fleur de Mai

Elles ne sont pas nées sur la Rance… mais sur les rives de l'Iroise. *Ar Zenith* fut construit en 1939 au chantier Keraudren de Camaret, sur des plans établis par Joseph Keraudren, conseillé par son ami Félix Tanguy, constructeur à Douarnenez, afin de faire un bateau mi-pêche, bon marcheur et bon porteur, motorisé, pouvant assurer le transport des passagers sénans et des marchandises entre l'île de Sein et Audierne. Ce dundée de 21 mètres fut le dernier d'une lignée qui assura cette fonction pendant trois générations. Il a surtout été le premier navire civil à répondre à l'appel du général De Gaulle et est devenu à ce titre l'un des symboles de la France libre. En 1946, il participa à la reconstruction de Brest, puis travailla comme sablier dans le Trieux.

Ar Zenith est racheté en 1978 par Pierre Pinel, un ancien des Forces navales françaises libres, qui lui redonne son gréement d'origine ; mais, au retour de la commémoration à Sein du cinquantième anniversaire de la Libération, il s'échoue sur un récif à Roscoff. En 1995, onze Malouins, anciens résistants, apprennent qu'il agonise dans la Penzé. Ils créent l'association APPEL (Association pour perpétuer le souvenir de la liberté) et portent à sa tête Jean-François Esmelin, professeur, matelot du canot de sauvetage, fondateur du groupe des Boucaniers. En 1996, ils rachètent et ramènent le bateau à Saint-Malo. Echoué dans la cale des torpilleurs de l'ancien arsenal de Saint-Servan, classé monument historique en 2000, *Ar Zenith* ne naviguera plus, mais il fait l'objet d'une restauration qui est bien avancée.

La robustesse de la construction des gabares a permis de sauver *Ar Zenith*, dernier courrier mixte de l'île de Sein, dont le chantier de restauration est ouvert au public à Saint-Servan.

Fleur de Mai, construite en 1950 à L'Hôpital-Camfrout par le chantier Jacq (17,40 mètres de long pour 5,80 mètres de large), propriété de la famille Arzel, a fait le transport du sable en rade de Brest pendant trente-trois ans. Joël Guéna la racheta en 1986. Commandant de ferry à Dunkerque, cet enfant des abers va entreprendre une longue restauration : « C'était mon coin de Bretagne sous le ciel gris du Nord ! » A la retraite depuis peu, il se voue corps et âme à cette magnifique gabare qu'il a un temps vendue à Bob Escoffier, avant de la racheter. Classé monument historique, le bateau appartient aujourd'hui à une société de quirataires qui va s'attacher à l'embellir et le faire vivre en respectant son caractère patrimonial. Pour l'heure, *Fleur de Mai* est en attente d'un long plateau de chêne pour remplacer un bordé de préceinte ; on peut l'admirer sur la grève, au pied de la tour Solidor, où la maison de Joël Guena, toujours occupé par ses pinceaux ou ses travaux de ponçage, lui sert de base arrière !

Fleur de Mai, lancé en septembre 1950 par le chantier Jacq de L'Hôpital-Camfrout, navigue toujours grâce à Joël Guéna. Ces bateaux logeables et relativement peu profonds ont des performances étonnantes quand ils sont convenablement toilés et efficacement menés.

La cuisine des pêcheurs

Gratin de morue aux pommes de terre

Dessaler 1 kg de morue, l'égoutter, puis la pocher 10 mn sans bouillir. L'égoutter à nouveau et l'effeuiller. Faire cuire 6 pommes de terre dans leur peau, puis les égoutter et les couper en rondelles. Peler et émincer 3 oignons, les faire fondre au beurre. Dans un plat allant au four, disposer les pommes de terre, les recouvrir avec la morue et ajouter les oignons. Arroser de 150 g de crème fraîche liquide. Mettre à four chaud pendant 20 mn.

L'Ami du Monde, construit en Bretagne Sud

L'Ami du Monde, un canot à misaine du pays Bigouden, a connu bien des évolutions grâce à François Aubaux, qui n'est jamais le dernier à hisser toute la toile pour régater dans la baie de Saint-Malo.

Sa silhouette est bien connue dans la baie de Saint-Malo et son patron aussi : président de l'association du cotre corsaire le *Renard*, François Aubaux est tombé « follement amoureux » il y a une vingtaine d'années d'une épave lors de vacances à Concarneau. « La coque était absolument épouvantable, mais en regardant bien, j'ai vu une carène d'exception. » François Aubaux s'empresse alors d'acquérir et de ramener à Saint-Malo l'*Ami du Monde*. Il va remettre dans son état d'origine ce canot à misaine bigouden de 6 mètres, construit en 1943 au chantier Le Bleiz de Pont-l'Abbé, dont l'acte de francisation, établi sous le gouvernement de Vichy, est à lui seul une pièce de collection. Armé pour un pêcheur de Sainte-Marine, il a navigué exclusivement à la voile jusque dans les années 1950, avant d'être armé à la plaisance. Contrairement à son état d'origine, François Aubaux l'a ponté et doté d'un gréement de cotre : « Que voulez-vous, j'aime les bateaux qui marchent fort, alors, je lui ai mis un mât plus haut que la normale, j'ai gréé un bout-dehors pour avoir un petit foc et je prends plaisir à établir mon flèche ! Dans les régates, il n'y a pas grand monde devant, je peux vous dire ! Sinon, je sors avec tous les dimanches, pendant qu'il y en a qui vont à la messe. Je reviens aussi serein qu'eux, mais pas pour les mêmes raisons ! »

Le Vieux Gui, un cotre de Carantec

Ce cotre de 6,60 mètres a sans doute été construit au chantier Moguerou en 1929. Au début des années 1980, Jean-Claude Chardonnay, tapissier-décorateur à Saint-Cast-le-Guildo, le découvre alors qu'il sert de jardinière devant une crêperie d'Erquy ! C'est un coup de foudre : il rachète l'épave et va mettre sept ans à la restaurer, avec l'aide des passionnés d'histoire maritime qui gravitent autour du Centre nautique de Saint-Cast. Mais, alors qu'il est mis à l'eau en 1987, *Le Vieux Gui* coule peu après, victime de l'ouragan qui ravage la région ! Après de nouvelles réparations, il reprend la mer.

Son gréement a aussi une histoire originale. Les recherches établissent que le bateau aurait fait partie d'une petite série gréée dès l'origine avec un mât marconi. Mais ce gréement ne plaît pas vraiment à ses amis. Découvrant, dans une revue maritime bien connue, les plans du *Vagrant* de William Fife, ils s'aperçoivent que les deux bateaux ont des caractéristiques similaires et décident d'offrir au *Vieux Gui* un plan de voilure identique à celui du *Vagrant*… depuis, il remporte (presque) toutes les régates ; étonnant, non ? Si le bateau appartient aujourd'hui à Antoine Brouchot, les amoureux du patrimoine maritime de Saint-Cast amènent souvent *Le Vieux Gui* sur tous les rassemblements de la région, de Ploumanac'h à Saint-Malo, où sa silhouette est fort admirée.

Gréement complet de cotre pour *Le Vieux Gui*, avec foc au point d'écoute haut placé et flèche à balestron… autrement plus évolutif sous voiles que réduit à l'état de jardinière !

An Durzunel sur les eaux calmes du Trieux. Les petits bateaux du patrimoine, au faible tirant d'eau, permettent de retrouver l'harmonie des navigations à l'ancienne, de jouer avec les courants, de se faufiler entre les rochers et d'aborder des rivages sauvages…

Du cap Fréhel aux Héaux de Bréhat

Le Légué à Saint-Brieuc demeure un port actif de cabotage et de pêche. Les pêcheurs se donnaient rendez-vous autrefois, les jours de fête, à l'entrée de la rivière du Gouët, côté Plérin, au havre de Sous-la-Tour. Ils disputaient des régates acharnées, que les Briochins, transportés par un petit train spécialement affrété, venaient admirer.

Le cabotage et le bornage animèrent jusqu'aux derniers jours de la voile tous les havres de la baie de Saint-Brieuc. Ces ports armèrent aussi à la grande pêche et fournirent de nombreux capitaines au cabotage, au long cours et à la Royale. A la fin du XIXe siècle, plusieurs bassins à flot furent réalisés : Le Légué en 1878, Paimpol en 1884, Binic en 1896. Ces aménagements ne suffiront pas à enrayer le déclin des ports, concurrencés par le chemin de fer. Erquy et Dahouët voient ainsi leur activité chuter avec l'ouverture de la ligne Lancieux-Saint-Brieuc. De l'autre côté de la baie, le cabotage résiste très tard, puisque Pleubian compte encore douze navires qui pratiquent ce métier en 1937.
Cette politique portuaire s'avérera utile lors de l'avènement de la plaisance. Aujourd'hui, tous les ports de la baie se sont reconvertis dans cette activité en plein essor. Le département des Côtes-d'Armor est le troisième en capacité d'accueil du littoral Manche-Atlantique, avec 14 000 places, derrière le Finistère et le Morbihan. Mais, à la différence des discrets aménagements du XIX° siècle, ces nouvelles infrastructures totalement artificielles, comme à Saint-Quay, et les projets d'extension menacent de porter atteinte à des sites encore relativement préservés, tel Lézardrieux… Le trafic du port de commerce du Légué est en hausse et celui de Lézardrieux accueille une activité de cabotage (sable et maërl uniquement). La pêche a connu une augmentation de 14 % en tonnage débarqué en 2004, avec notamment une forte progression des coquilles Saint-Jacques, qui constituent la grande richesse de la baie.
Les voiliers traditionnels qui naviguent dans la baie se retrouvent à la Fête de la morue de Binic, à celle du Chant de marin de Paimpol, à la Fête des plantes de Saint-Quay ou à Toutes voiles dehors, un rallye nautique de Paimpol à Pontrieux, dont la première édition a connu le succès en 2005, en réunissant 97 bateaux dans un esprit de fête populaire gratuite. Les collectivités publiques, qui ont largement participé au financement de la construction des bateaux traditionnels, ne semblent plus s'impliquer autant que dans les années 1990. Certaines villes ont néanmoins acquis des bateaux, comme Binic, ou Saint-Quay-Portrieux, qui propose des sorties à la journée sur un langoustier de Camaret, le *Saint-Quay*. Malgré ces efforts de reconstitution, de nombreux types de bateaux ont disparu. C'est le cas, par exemple, des bateaux carrelets du Trieux, qui pêchaient le saumon, et dont on comptait encore vingt-trois unités avant la Seconde Guerre mondiale. Aucun souvenir direct non plus des fameuses goélettes de la grande pêche, malgré un projet ambitieux, « Une goélette pour le Goëlo », lancé dans les années 1980, qui n'a pas abouti. Quant à l'activité très importante que représenta la récolte des amendements marins, elle ne survit qu'à travers le CEVA, le Centre d'étude et de valorisation des algues, basé à Pleubian…

Un bateau, un port : le temps des répliques

La Sainte-Jeanne, sloup borneur-caboteur

Parmi les ports de la baie de Saint-Brieuc, Erquy fut très tôt un centre actif de cabotage et de bornage, avant de connaître un réel essor au XVIIIe siècle avec le transport des pavés extraits des carrières de grès rose, toutes proches. L'expédition de pommes de terre et de pavés a ainsi constitué l'essentiel d'une activité qui s'est éteinte à la veille de la Seconde Guerre mondiale ; à cette date, seuls subsistaient une vingtaine de bateaux de pêche. La *Sainte-Jeanne*, qui rappelle aujourd'hui ces temps actifs, est la réplique d'un sloup du même nom construit au chantier Lemarchand de La Landriais, sur la Rance ; lancé en 1912, il transporta céréales, sel, pommes à cidre, sable, graviers, charbon, bétail, oignons, pommes de terre, etc. Avec ses 16 mètres de long (24 mètres hors tout) et ses 200 m^2 de voilure, son mât de 23 mètres de haut, il avait la réputation d'être bon marcheur jusqu'à son naufrage en 1937 près de Paimpol, où il fut victime d'une avarie de moteur par une tempête de nordet.

En août 1994, la *Sainte-Jeanne* est lancée devant une foule évaluée à 40 000 personnes...

Beau temps, belle mer : la *Sainte-Jeanne* a gréé toutes ses voiles et navigue sereinement. Ci-dessous : Lolo Duclos, ancien mousse sur la première *Sainte-Jeanne*, qui a servi de modèle.

Yvon Clochet et Serge Riou, du chantier de Plouguiel, construisirent sa réplique entre juin 1993, date de la pose de la quille, et août 1994, où le fameux « tosse-mer », surnom des borneurs locaux, fut lancé devant 40 000 spectateurs ! Les souvenirs très précis et les conseils de Louis Duclos, qui fut mousse sur la première *Sainte-Jeanne* de 1935 à 1937, ont permis de réaliser une réplique très authentique. Lolo s'est souvenu de la moindre poulie, du système particulier d'ancrage « élastique » de l'étai, etc.

Aujourd'hui, le bateau est géré par l'association Le Sloup d'Erquy qui le fait naviguer en NUC de fin mars à septembre, accueillant dix-huit passagers à la demi-journée ou douze personnes en croisière. « L'été, c'est un peu toujours la même chose, on sort trois heures, on fait un rond dans l'eau et on revient. Et puis, on se demande chaque année si on va trouver un patron ; parfois, on tombe sur un courant d'air, parfois sur un gars très sympa… Tout le reste, c'est du bénévolat et ça prend beaucoup de temps », explique Roland Blouin, le président. Heureusement que des anciens patrons pêcheurs, comme Jojo et Michel, sont là pour donner un coup de main sur les sorties, mais aussi pour l'entretien du bateau ; leur bonne humeur n'est pas moins appréciée que leurs compétences ! La municipalité, outre son aide logistique, prête un local à l'association, ce qui lui permet d'avoir pignon sur le port et de disposer d'une boutique pour vendre vareuses, tee-shirts, posters ou cartes postales, dûment estampillés *Sainte-Jeanne* ! Et ce n'est pas du luxe car, côté budget, ce n'est pas toujours évident, malgré les deux cents adhérents recensés. « On est à la merci du moindre pépin, et toujours sur le fil du rasoir si on a une grosse dépense imprévue », constate le président, qui rentabilise les sorties du bateau en le louant à des entreprises dès que l'opportunité s'en présente ; d'où son affrètement à l'automne 2006 pour le départ de la Route du Rhum à Saint-Malo.

Voilure réduite pour la *Sainte-Jeanne*, grand voile enroulée sur la bôme, barre reprise par des palans pour plus de confort.

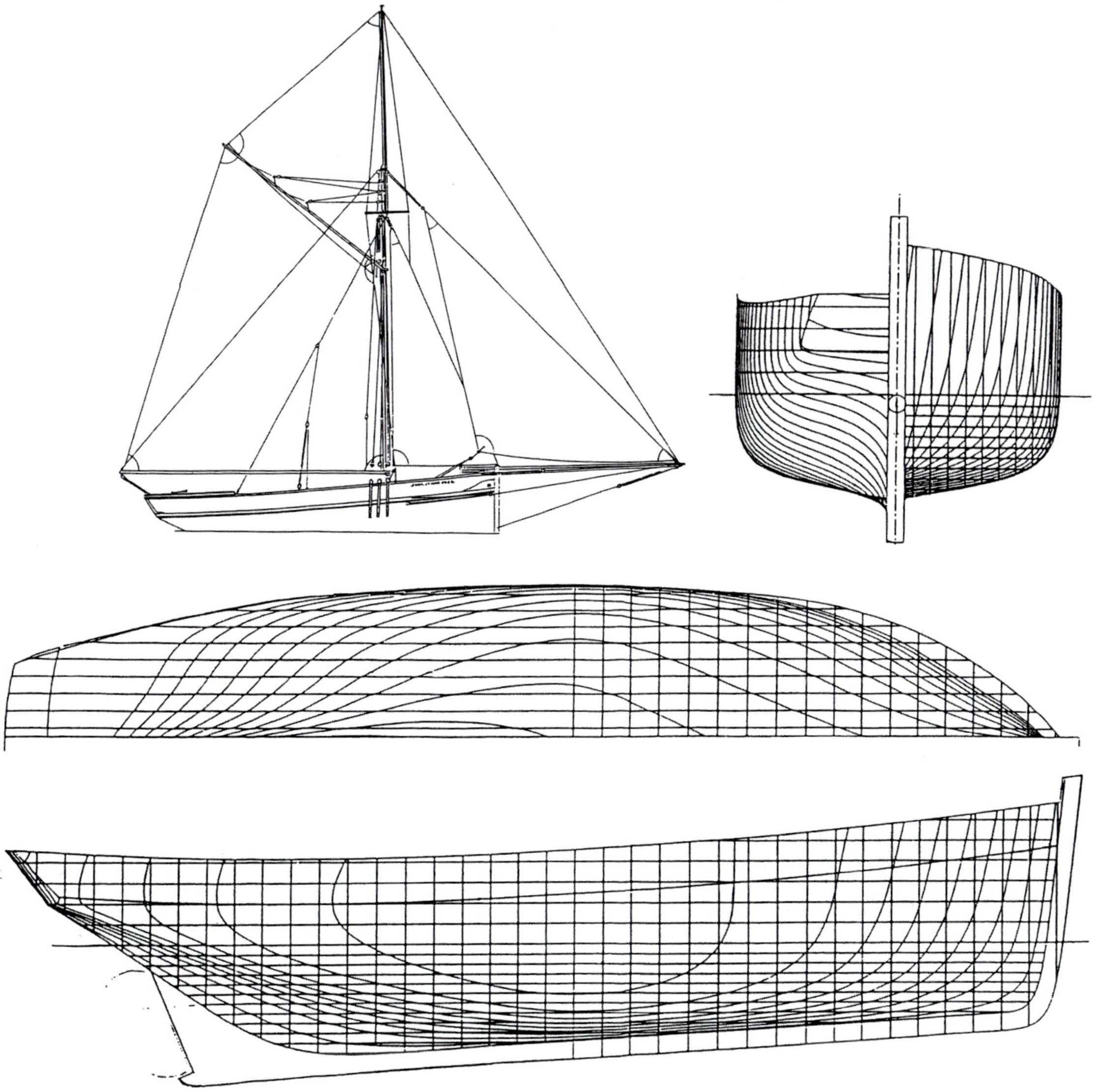

Plans établis par Maryse Laurent (plans de formes au 1/100 et plan de voilure au 1/300).
Longueur : 16 m
Largeur : 4,89 m
Tirant d'eau : 2,10 m
Déplacement : 48,34 t
Surface de voilure : 200 m

La Pauline, chaloupe de Dahouët

La *Pauline*, gréée en flambart à l'image du pilote d'origine, est un bateau exigeant, qui peut s'avérer impressionnant au près.

Les chaloupes pontées de Dahouët, qui pratiquaient la pêche au chalut à perche et, pour certaines, le pilotage, ont disparu après la Grande Guerre, avec le déclin du port. Une activité de pêche côtière s'est toutefois maintenue jusqu'à nos jours à Dahouët avec sept, huit bateaux dont certains vendent leur poisson directement sur le port. « Les soles, ne les mangez pas aujourd'hui, elles sont trop fraîches, hein ! », avertit André Leseney, président de l'association Une chaloupe pour Dahouët, volontiers conteur d'histoires « extra-*Pauline* » et citant Jérôme, l'un de ces pêcheurs.

Lancée en 1991 par Yvon Clochet de Plouguiel, pour le concours Bateaux des côtes de France, la *Pauline* est la réplique d'un bateau du même nom, construit en 1901 à Kerity-Paimpol pour le pilote de Dahouët, Hyppolyte Guinard, une figure populaire du port. Il pratiqua ensuite le bornage en été et la petite pêche en hiver. Regréé en bocq à corne après 1918, le voilier terminera sa carrière en faisant le goémon chez les « brettes » (les bretonnants) à Larmor-Pleubian, jusqu'en 1933, où il se mit au plain près de l'île Maudez.

Reconstituée grâce à une enquête d'archives, aux témoignages des marins ayant connu les derniers lougres et aux précieux souvenirs du charpentier Jean Kerleau, cette chaloupe pontée gréée en flambart, avec un mât de misaine vertical, un grand mât présentant une belle quête et un bout-dehors qui fait plus de la moitié du bateau, porte une grand voile surmontée d'un hunier au tiers. Elle n'a pas de voûte, mais un tableau arrière, et ses formes sont plus affinées que celles des anciennes chaloupes de pêche. C'est une excellente marcheuse sous toutes les allures, un peu impressionnante quand elle porte toute sa toile : « Ceux qui ne sont pas plus marins que du beurre en broche ont du mal », commente un rien goguenard Loïc Toqué, le vice-président de l'association qui la fait naviguer !

La *Pauline* procède le plus souvent à des sorties de trois heures dans un rayon de 5 à 6 milles autour du port, histoire d'aller taquiner le maquereau sous le phare du Grand Léjon ! Le patron, accompagné d'un équipier confirmé, peut embarquer dix passagers : « On est quatre ou cinq à faire les patrons, mais on a du mal à trouver des jeunes pour les former. » Des croisières d'une semaine sur les côtes britanniques, les Anglo-Normandes ou les grandes fêtes maritimes, avec sept personnes à bord, sont aussi organisées. A la demande de familles nombreuses, la *Pauline* navigue parfois de conserve avec la *Sainte-Jeanne.* Et si elle accomplit ponctuellement des dispersions de cendres en mer, elle a chaque année un rendez-vous incontournable : la bénédiction aux péris en mer, lors du pardon de Notre-Dame-de-la-Garde, dont la petite chapelle domine l'entrée du port. « Le 20 août, on embarque une dizaine de personnes, le curé et tout le saint-frusquin, et accompagné d'une flottille de 30 à 40 bateaux on va jeter la couronne à la mer devant la plage », explique André Leseney, ex-pilote de chasse et président en poste depuis quatorze ans !

La *Pauline* s'est parfois essayée à la drague à la voile dans la baie, notamment à Erquy, pour la Fête de la coquille, aidée du pêcheur retraité Raymond Pays ; elle a aussi participé à une démonstration de transport de pierres à chaux dans son port. Très mobile, elle est présente sur de nombreuses fêtes où ses équipages ne sont pas les derniers à mettre de l'ambiance…

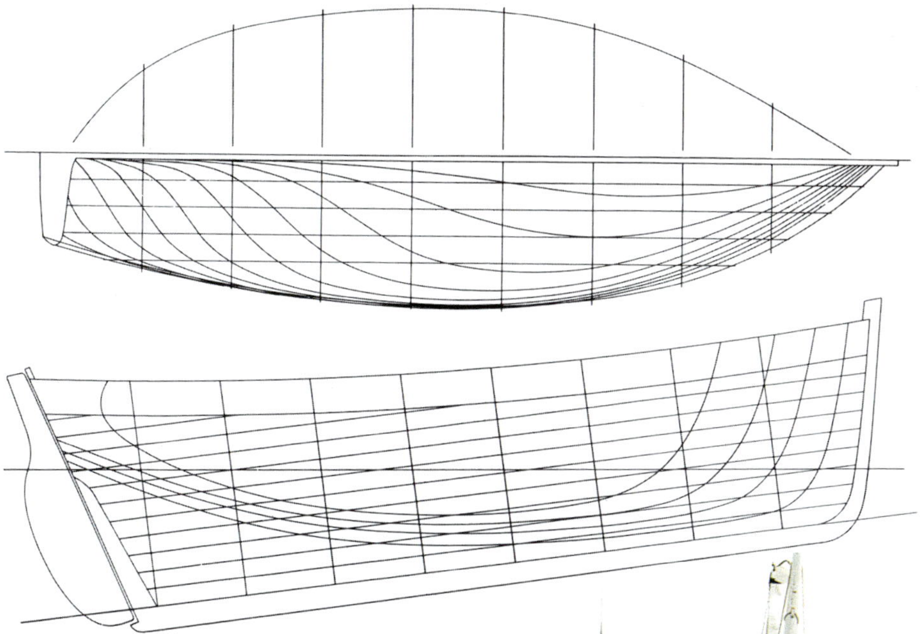

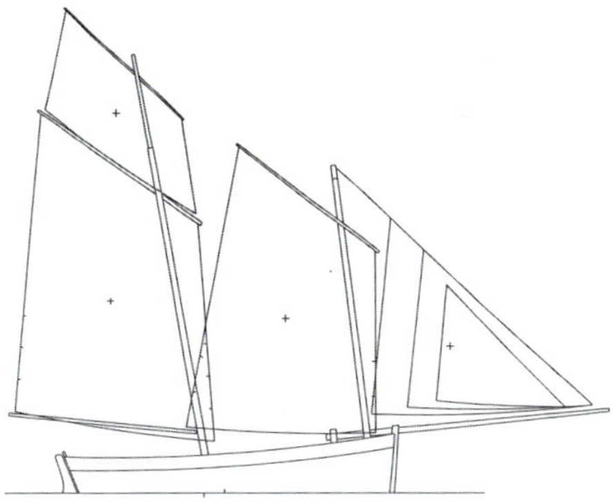

Plans établis par François Vivier.
Longueur hors tout : 9,48 m
Largeur au maître-bau : 3,45 m
Tirant d'eau : 1,40 m
Déplacement : 11 t
Surface totale de voilure : 94,7 m^2

La *Pauline* quitte le port de Dahouët, laissant derrière elle l'oratoire de Notre-Dame-de-la-Garde. Elle n'a pas encore hissé son hunier.

Le Grand Léjon, lougre du Légué

Bateau emblématique de la baie de Saint-Brieuc, dont il porte le nom du phare, *Le Grand Léjon* est une réplique de lougre du Légué, construite dans le cadre du concours Bateaux des côtes de France, où il a obtenu le 1er prix d'authenticité, le 2e prix pour son gréement et le prix de la persévérance. Ce fort bateau ponté est gréé d'une misaine et d'une

Solidement construit pour pouvoir échouer, *Le Grand Léjon* s'est posé sans problème sur le flanc, dévoilant son plan de pont et ses formes à la fois robustes et élégantes.
Sous voiles mais sans le hunier, toujours difficile à hisser : à partir de 3 ou 4 nœuds de vent, le bateau marche très bien et procure un grand sentiment de sécurité.

grand voile au tiers surmontée d'un seul hunier sur le grand mât, et d'un foc. C'est sur les plans originaux de la *Jeanne d'Arc*, un lougre lancé en 1896 par le chantier Lemarchand de La Landriais – transmis par Jean Le Bot – que *Le Grand Léjon* a été construit par Yvon Clochet de Plouguiel, à la demande de Jean-Luc Huet, Pierre Colin, Gilles Rot, Philippe Saudreau et de quelques autres amis.

Ce solide bateau de 15 mètres rappelle l'histoire du Légué où se pratiquait, outre la grande pêche et le cabotage, le chalut à perche et la pêche de la coquille dans la baie. Au début du XXe siècle, les lougres étaient armés à la pêche fraîche au chalut ou à la drague du sable et du maërl. L'échouage dans la rivière du Gouët obligeait à prévoir des charpentes robustes. Sa coque puissante, sa carène volumineuse, son bouchain fortement immergé, sa muraille haute et frégatée, ses couleurs vert d'eau et vert foncé et ses voiles rouges se reconnaissent de loin. Son gréement est simple, authentique ; il a été exécuté à l'ancienne sous la direction d'André Vérité, ancien bosco sur les goélettes de la Marine nationale. Douze mille personnes se sont réunies le 2 mai 1992 pour son lancement sur la cale du vieux port de pêche de Cesson ; depuis, sa silhouette est devenue indissociable de toutes les fêtes maritimes et ses entrées au Légué constituent toujours un spectacle apprécié des riverains.

A bord du *Grand Léjon*, les adhérents manœuvrent, cuisinent, jouent de la musique, comme ici Etienne Delahousse à l'accordéon, et chantent. Le fonctionnement purement associatif du grand lougre est un exemple à suivre.

Avec ses 30 tonnes, *Le Grand Léjon* a besoin de brise et offre de puissantes sensations à la barre. Maniable par un équipage d'au moins quatre personnes, c'est un bateau sûr qui traverse chaque année la Manche pour participer aux régates des *luggers* de Looe en Cornouailles britannique, où il compte de nombreux amis. *Le Grand Léjon* emmène seize personnes à la journée et dix pour des croisières plus longues ; s'il a fonctionné un temps en NUC, il navigue désormais sous statut associatif, ce qui lui procure une plus grande souplesse et convient mieux à la complicité des membres du bureau qui se relaient pour présider l'association. En 2005, des problèmes de moteur ont mis à mal le programme de navigation, mais la dynamique association qui gère le bateau n'en a pas perdu pour autant le moral. Forte de ses 120 adhérents, elle anime un atelier de chants de marin, « Comme tu pourras » (du nom d'une bouée cardinale de la baie), publie un journal, *L'Echo du Bosco*, et ses membres se retrouvent chaque samedi sur la rive plérinaise, à la Maison des Boscos, pour divers travaux de matelotage et d'entretien du bateau.

Les homardiers de Loguivy

Les marins de Loguivy-de-la-Mer s'étaient spécialisés dans la pêche aux crustacés qu'ils allaient chercher sur les fonds rocheux aux abords du Conquet, de Molène et de Sein, sur de petits flambarts non pontés appelés lougres. Vers 1880, le gréement de bocq apparaît sur des bateaux creux, puis demi-pontés, d'environ 8 mètres. Enfin, dans les dernières années du siècle, de forts sloups pontés à cul-de-poule se consacrent à la langouste. Ces trois générations de bateaux, sur lesquels s'illustrèrent les marins audacieux du petit port de l'embouchure du Trieux, revivent aujourd'hui grâce à des reconstitutions…

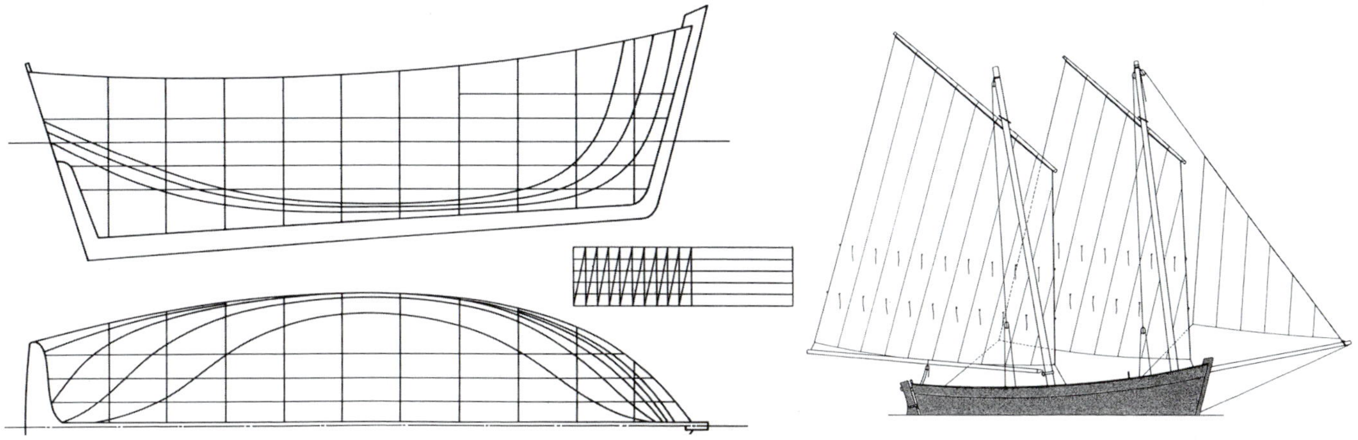

Plans dressés par Patrick Boyer.
Longueur : 5,85 m
Largeur : 2,28 m
Tirant d'eau : 1 m
Surface de voilure : 28,71 m²

L'association Communes-Ecole de mer du Trégor, créée dans les années 1970, a été pionnière en matière de navigation et de vie à bord de bateaux traditionnels. Alors qu'elle naviguait déjà avec une flottille hétéroclite de voiliers de propriétaires et qu'elle devait faire face à une demande toujours plus forte, elle décida en 1984 de faire construire un bateau du pays : ce fut *An Durzunel*, la tourterelle ou la jolie fille en breton, un petit lougre de Loguivy, gréé en flambart. Dessiné par François Vivier, qui s'est appuyé sur un plan de l'amiral Pâris relevé en 1866 et sur un autre de Gabriel Révérend, publié en 1887, le bateau a été construit par Yvon Clochet à Plouguiel.

An Durzunel est un canot creux de 6,60 mètres de long (11,50 mètres hors tout) et de 2,58 mètres de large, avec un pontage à l'avant d'un quart de sa longueur. Large et trapu, il est gréé de deux voiles au tiers, misaine et taillevent, d'une surface de 50 m², qui s'animent facilement malgré sa coque un peu lourde et tout en rondeur. « Des pêcheurs nous ont appris à naviguer sur ce bateau, qu'ils n'avaient pas connu, mais où ils trouvaient d'instinct leurs repères. On cabanait, on apprenait à pêcher, on a tout expérimenté avec les jeunes qu'on accueillait à bord », raconte Guy Prigent, l'un des initiateurs du projet avec Christophe Kerneau.

An Durzunel permet une approche intime du milieu marin lors de ses randonnées nautiques.

An Durzunel a hissé toute sa voilure et file à pleine vitesse : du gui au bout-dehors, sa longueur hors tout atteint 11,50 m ! Grande simplicité du gréement : les mâts ne sont maintenus par aucun étai ni bastaque…

En 1989, Communes a besoin d'une unité plus grande et fait de nouveau appel à Yvon Clochet. *Enez Koalen* (du nom d'une île située entre Lanmodez et Loguivy) est, cette fois, une reconstitution des bocqs homardiers demi-pontés, à tableau, apparus vers 1885 à Loguivy. Une étrave droite, une quille profonde, des fonds très en V, des flancs frégatés, un étambot peu incliné et un gréement de sloup avec une bôme dépassant le tableau de 3 pieds, portant une voilure de 76 m², lui confèrent des qualités nautiques étonnantes et une bonne marche. En 1988, au décès de Paul Cornillet, avec lequel l'association travaillait depuis des années, Communes a également racheté le coquillier *Saint-Guénolé* qu'elle a fait restaurer.

Depuis 1998, l'association n'existe plus et ses bateaux ont connu des destinées diverses. Après avoir été rachetés par la mairie de Lézardrieux, ils ont été revendus : le *Saint-Guénolé* est reparti en rade de Brest en 2003 ; *An Durzunel* a été racheté par le Centre nautique de Cancale où il garde sa vocation d'école de voile ; depuis 2003, *Enez Koalen* est la propriété de Voiles et Traditions. Le bateau a eu droit à une grande rénovation en 2005 (gréements courant et dormant, changement de bordages dans les hauts, jeu de voiles neuves, réfection du pontage avant et des planchers…) : « C'est un bateau extraordinaire, qui a des performances époustouflantes, notamment au près ! Par petit temps, seul *An Durzunel* pouvait nous inquiéter un peu », raconte Cédric Lagrifoul, de Voiles et Traditions, qui ne tarit pas d'éloges sur ce bateau de 9,18 mètres, qui embarque treize passagers à la journée pour leur faire vivre des émotions fortes…

Enez Koalen, caseyeur inspiré des bocqs de Loguivy, est un petit bateau très typé avec un gréement de sloup ; la bôme dépasse le tableau de 3 pieds et la coque est pontée sur l'avant du mât.

Krog e Barz est un sloup à corne de 15 mètres qui peut gréer 240 m² de voilure au près ; ses formes évoquent, en plus léger, celles des bocqs langoustiers de Loguivy

Krog e Barz (croche dedans) se réfère, quant à lui, aux derniers grands bocqs langoustiers de Loguivy, où il a été construit entre 1989 et 1992 dans un chantier en plein air, reconstituant un atelier traditionnel ; un projet ambitieux qui a mobilisé une cinquantaine de personnes. Xavier Buhot-Launay s'est inspiré d'une demi-coque retrouvée dans les archives d'un chantier paimpolais, mais en en modifiant largement les formes et la technique de construction, afin de réaliser un grand sloup à corne d'aujourd'hui, qui présente une étrave droite, un brion arrondi avec une forte quête d'étambot et une longue voûte à tableau ajouré.

Lancé pour Brest 1992, il participe régulièrement aux fêtes du chant de marin de Paimpol et s'est offert deux transatlantiques en 1993 et 1994. Le bateau est homologué en NUC et navigue avec deux hommes d'équipage, proposant des sorties en mer depuis 1995 au départ de Port-Navalo, dans le golfe du Morbihan. *Krog e Barz* se distingue par son pavois aux couleurs de l'arc-en-ciel, et par les coloris de ses voiles : la grand voile de 103 m² est blanche, la trinquette bleue et le foc vert ! Long de 14,60 mètres (22,50 mètres hors tout) pour une largeur de 5 mètres, il cale 2,60 mètres et peut gréer 250 m² de voile. Son lest de 8 tonnes, sa construction légère et ses lignes tendues lui confèrent une stabilité étonnante et une marche remarquable, d'après son constructeur et patron, Xavier Buhot-Launay.

YVON CLOCHET, CHARPENTIER

Yvon Clochet a toujours travaillé seul dans son chantier de Plouguiel, sur la rivière de Tréguier, même s'il a parfois été assisté pour certains bateaux par Serge Riou, de Paimpol, qui a notamment participé à la construction de la *Sainte-Jeanne* d'Erquy. Originaire de Plourivo, le jeune homme fit son apprentissage au chantier Daniel de Paimpol avant de s'installer à son compte. Les marins du cru étant ses premiers clients, rien ne le poussait à s'intéresser aux bateaux du patrimoine maritime et au mouvement culturel qui l'entourait.
Et pourtant… *An Durzunel* – dont la construction est fidèlement retracée dans le film *Naissance d'un bateau* –, *Enez Koalen*, *Le Grand Léjon*, la *Pauline*, la *Sainte-Jeanne*, *Frotte-Berniques*, *Ar Jentilez*… son nom revient sur toutes les lèvres dès qu'on parle de répliques ou de grandes restaurations ! Très rigoureux sur la qualité des bois utilisés, mais un rien bourru et peu loquace, Yvon Clochet a façonné une grande partie de la flotte actuelle de Bretagne Nord. Avant de prendre sa retraite, il s'est construit son propre bateau, *Amzer Zo*, pour naviguer dans sa région, un cotre de près de 10 mètres qui s'inspire en partie des formes de la *Pauline*. L'architecte naval François Vivier, qui a dessiné les plans de plusieurs bateaux construits par Yvon Clochet, lui rend hommage en déclarant que son départ à la retraite a sonné « la perte d'un des meilleurs constructeurs, dont la compétence était l'égale de sa grande modestie ».

Yvon Clochet et Jean Kerleau au chevet d'*An Durzunel* en 1984.
Ci-dessous : *Frotte Berniques* en cours de construction au chantier de La Roche-Jaune à Plouguiel ; Yvon Clochet avec son herminette, l'outil caractéristique du métier de charpentier.

Le Rigel, un macrotier pour Binic

Un macrotier de Saint-Malo a quitté ses eaux historiques pour naviguer dans la baie de Saint-Brieuc. Propriété de la ville de Binic, cet authentique petit macriotou de 6,28 mètres a été construit en 1945 par le chantier Craipeau de Saint-Malo. Baptisé initialement *La Petite Jeannette*, il fut armé à la pêche aux maquereaux de ligne jusqu'en 1954, avant de servir de bateau-école aux élèves de l'Ecole d'administration des affaires maritimes de Saint-Servan jusqu'en 1965 ; il commença alors sa carrière à la plaisance avec le Cercle nautique de la marine marchande et fut prêté, en 1970, aux Scouts marins de Saint-Malo qui l'utilisèrent pendant quelques années.

Rebaptisé *Rigel* en 1954, il a été retrouvé dans un piteux état en 1992 par François Robine, qui décida néanmoins de le restaurer. Une subvention accordée au titre des monuments historiques lui permit de refaire surface et son lancement eut lieu après huit mois de travaux en juillet 1993, sous le parrainage de Gérard d'Aboville. Fierté d'un port, dont l'histoire est indissolublement liée à la grande pêche (1 700 marins pour 35 goélettes armées à Terre-Neuve en 1845), il sillonne aujourd'hui les eaux des Côtes-d'Armor.

L'association Etoile de Binic, qui en a la gestion, est une petite structure d'une quarantaine de membres, présidée par Jacky Vaillant, un ancien marin pêcheur. Le *Rigel* participe bien sûr à la Fête de la morue qui accueille des dizaines de bateaux traditionnels dans le joli port de Binic au mois de mai, autour des chants de marins et des traditions maritimes ; il se rend avec ses adhérents (six passagers à bord maximum) à la Fête des plantes de Saint-Quay ou au rallye Toutes voiles dehors sur le Trieux, quand il n'est pas en visite de courtoisie dans les autres ports de la baie…

François Robine n'a pas eu peur de se lancer dans de grands travaux de restauration quand il a retrouvé le *Rigel*, en 1992…

Elégants, bien défendus, avec des formes arrières porteuses… les petits macrotiers étaient nombreux dans la région malouine. Le *Rigel* navigue aujourd'hui dans les eaux de Binic avec les bénévoles de l'association Etoile de Binic.

La gabare *Fée de l'Aulne* dans le passage du Fromveur, lors de son dernier voyage de service public le 11 avril 2000. Désormais basée à Binic, une nouvelle carrière de « musée naviguant » s'ouvre à elle grâce à ses jeunes propriétaires.

La gabare *Fée de l'Aulne*

Le maire de Binic est un amoureux des bateaux traditionnels, et il le prouve en accueillant depuis 2001 à titre gracieux la gabare de 23 mètres *Fée de l'Aulne*, lancée en 1957 par le chantier Keraudren de Camaret. Dernier bateau de charge français construit en bois, elle commença sa carrière comme sablier pour l'armement Le Bot. La gabare a travaillé jusqu'en 2000 pour la compagnie Penn ar Bed, assurant le transport de fret entre Brest, Molène et Ouessant.

Tristan Botcazou et sa compagne Valérie Jaffrelot l'ont acquise, dès sa mise en vente, pour l'association Fée de l'Aulne-Fée des îles, souhaitant lui donner une vocation pédagogique et scientifique. Homologuée en plaisance depuis 2002, classée en 2003, *Fée de l'Aulne* peut accueillir soixante personnes à quai et douze en mer. Elle a déjà accompli deux tours de Bretagne avec une « exposition navigante » d'Océanopolis consacrée aux algues (10 000 visiteurs sur les différentes escales). Grâce au soutien de plusieurs mécènes, elle est actuellement au chantier Paccalet de Saint-Quay, où elle doit être regréée (grand voile, foc et artimon). Tristan, Valérie et les membres de l'association espèrent ensuite mettre ce bateau au service de missions scientifiques pour les chercheurs du CNRS, avec lesquels des contacts sérieux ont déjà été noués dans cette perspective.

Des doris à Binic

Après le *Boujaron*, lancé en octobre 2004, c'est la *Pinoche* qui a pris la mer lors de l'édition 2006 de la Fête de la morue à Binic. François Le Quéré, président de l'association Doris de la baie, a eu un jour un coup de foudre pour ce petit bateau et a voulu le partager avec des copains. « Quand on a été assez nombreux, en 2002, on a créé l'association Doris de la baie, avec le projet de construire et de faire naviguer une petite flottille de quatre doris, gréés de manière différente. » Naviguant entre amis pour se rendre aux rassemblements du coin, mais aussi à De cale en cale comme en 2005 avec le *Boujaron*, l'équipe va mettre en chantier le troisième de la flotte en septembre. Parallèlement, elle accueille dans son local des enfants des classes primaires pour leur expliquer la fabrication du doris et l'histoire de la grande pêche, dont Binic fut l'un des ports les plus actifs.

La chaloupe Eulalie dans l'archipel de Bréhat

Sa silhouette est si familière dans les eaux de l'archipel de Bréhat qu'il est impossible de ne pas évoquer *Eulalie*, construite en 1996 par un particulier qui s'inspira des plans d'un sardinier des années 1900 et d'*Eliboubane*, à Yvon Le Corre. Venue en 2001 à la Fête du chant de marin de Paimpol, cette chaloupe nommée alors *Marie-Elisabeth* est vendue par son propriétaire à Klas Stelleman, charpentier de marine, qui lui cédera en échange son bateau. Las ! La transaction se révélera peu avantageuse. La chaloupe est en bois moulé composé de trois plis or, les deux plis intérieurs sont dans un état avancé de pourriture... Dominique Sicher, à qui Klas avait prévu de prêter la chaloupe pour des sorties en mer, ne baisse pas les bras : il entreprend, avec les conseils et l'aide du charpentier, de border en chêne le bateau qu'il rebaptise *Eulalie*. Après six mois de travail, et la pose d'une sous-drague en acier de 300 kg pour protéger la quille, la chaloupe de 10,30 mètres est mise à l'eau le 29 mars 2003, ses flancs noirs ornés de bouquets de jonquilles rappelant le petit liseré jaune qui affine sa silhouette.

« C'est un peu ma petite fille, je la connais par cœur ! », s'émeut Dominique Sicher, son jeune patron de 36 ans, qui reprend chaque année la mer en avril pour emmener dix passagers à la journée, en navigation NUC. Titulaire du brevet PPV (patron de plaisance à la voile), cet ex-ingénieur technico-commercial ne regrette pas d'avoir envoyé le costume cravate à la baille pour créer sa micro-société, dans un farouche esprit d'indépendance. Ancien patron du *Vieux Copain*, où il a tout appris de la manœuvre des bateaux traditionnels, Dominique est amoureux de sa chaloupe qu'il compare à « une mobylette » (à « une petite souris ou à une sardine », c'est selon...) : « Elle se glisse partout, elle vire dans un mouchoir de poche, c'est un gros 420 en fait, tu peux aller partout avec elle et raser les cailloux. Dans le coin où je navigue, c'est pratique ! » Equipée d'une VHF et d'un GPS portable, elle n'a pas de sondeur (« Si tu as un sondeur ici, tu stresses tout le temps ») et Dominique ne se sert qu'exceptionnellement du moteur, préférant prendre ses coffres à la voile ou déplacer les 7 tonnes d'*Eulalie* à la godille.

Bien que natif du Maine-et-Loire, Dominique s'est profondément attaché à son bassin de navigation et propose de véritables sorties pédagogiques ; il pose des casiers et donne les araignées à ses passagers à la fin de la journée, il leur décrit les activités maritimes qui se pratiquaient ici, leur explique les complexités du balisage, le phénomène des marées, les dangers de la navigation dans cette zone soumise à de violents courants et parsemée de cailloux. « Quand les gens repartent, ils me prennent pour le petit-fils d'un Islandais, moi qui n'ai connu la mer qu'à 20 ans ! », s'amuse-t-il. Et quand vient le temps de reposer *Eulalie*, l'hiver, Dominique part travailler dans le bâtiment en attendant les beaux jours et les promesses de navigation sur « sa petite sardine »...

Dominique Sicher utilise à la perfection les qualités de sa chaloupe, *Eulalie* : bonne stabilité, entrées d'eau fines, efficacité de la voilure, composée d'un taillevent haut et plat, d'une misaine plus creuse, à fort recouvrement. Le patron a sous la main la barre et deux écoutes.

La Nébuleuse reste là, le Vieux Copain va peut-être partir, Erin s'en est allé...

Bien d'autres voiliers naviguent dans le secteur de Paimpol-Bréhat-Lézardrieux. C'est le cas, par exemple, de la *Nébuleuse*, construite à Camaret en 1949 et qui travailla jusqu'en 1987 dans le golfe de Gascogne. Ses 19 mètres de coque (32 mètres hors tout) et ses 320 m^2 de voilure ne passent pas inaperçus dans les eaux de l'archipel où sa couleur vert d'eau se marie si bien avec les rives boisées du Trieux où elle est mouillée entre deux sorties ! La grande restauration qu'elle a connue entre 1992 et 1999 a permis de la doter de tout le confort moderne et des éléments de sécurité indispensables à son utilisation en NUC. En septembre, la *Nébuleuse* propose des croisières spéciales « pêche aux thons », qu'elle va traquer à plus de 100 milles des côtes bretonnes !

Joli ballet du grand langoustier la *Nébuleuse*, et d'une fine yole 1796.

Le *Vieux Copain*, à Serge Le Joliff, navigue aussi dans les mêmes eaux, bien que son propriétaire cherche aujourd'hui à s'en séparer. L'ayant acheté en 1983 « pour 1 franc, et coulé par 10 mètres de fond », Serge Le Joliff, à l'approche de la retraite, a des projets de tour du monde, mais pas sur un bateau aussi exigeant qu'un thonier ! Après avoir entièrement restauré cette unité des Sables-d'Olonne, Serge Le Joliff aimerait qu'elle reste dans la région, même si ses premiers contacts pour la vente proviennent logiquement de Vendée. « Nous qui connaissons tous les petits coins de Bretagne, on peut dire qu'il n'y en a pas deux comme celui-là pour faire aimer la mer et découvrir le patrimoine maritime ! »

Quant au très joli *Erin*, le lougre de Mevagissey, à Odile et Gérard Cey, qui naviguait depuis les années 1980 dans ces parages, il est récemment retourné dans sa Cornouailles natale.

La cuisine des pêcheurs

Carpaccio de coquille Saint-Jacques

Recette réalisée à bord du *Grand Léjon* par Gérard lors de la fête de la coquille à Erquy en 2006 avec des coquilles pêchées sous voile par un vaillant équipage du lougre. Après ouverture et nettoyage des coquilles fraîches, les couper en lamelles pas trop fines, les disposer sur un plat, les arroser de jus de citron, puis d'huile d'olive. Laisser mariner 20 à 30 minutes, égoutter, servir avec du pain de seigle et du beurre salé.

La Fête du chant de marin à Paimpol

Dès 1989, l'ADEPAR, Association pour le développement économique de Paimpol et de sa région, réunissait autour du vieux bassin 120 bateaux traditionnels et 35 groupes de musique. Conçue avec l'équipe du *Chasse-Marée*, la première Fête du chant de marin était née, en présence d'artisans, de chantiers navals et d'associations du patrimoine maritime, avec un réel souci d'authenticité puisqu'un cabestan en bois avait même été fabriqué pour entonner les chants à virer ! Stan Hugill, le réputé *chanteyman* anglais honora de sa présence, un an avant sa disparition, l'édition de 1991. Reprise en 1997 et devenue depuis bisannuelle, la fête a accueilli des groupes reflétant la diversité des traditions orales des marins des côtes de France, et d'autres venus de toute l'Europe maritime et d'Amérique du Nord. En 1999, le trophée Armand Hayet y a réuni des chanteurs de tous horizons qui ont fait découvrir des airs oubliés, chants de travail, complaintes ou chants à danser.

Si la Fête du chant de marin est la seule manifestation de grande envergure sur ce thème en France (110 000 visiteurs sur les trois jours en 2003), sa programmation s'est récemment élargie aux « musiques des mers du monde », intégrant les célébrités de la *world-music* des pays maritimes. Les groupes de chants de marin y ont bien sûr toujours leur place, aux terrasses des cafés ou sur les scènes, dans une ambiance cosmopolite et bon enfant. En 2005, les nombreux voiliers se sont retrouvés autour du trois-mâts morutier fécampois *Marité*, tandis que les musiciens proposaient un voyage depuis les confins de la mer Noire jusqu'aux rives de la Baltique…

Le port de Paimpol retrouve tous les deux ans des couleurs de fête. La multitude des groupes de chants de marin répond à la diversité des gréements pavoisés.

Le souvenir de la pêche à Islande

L'Etoile et la *Belle Poule*, goélettes de l'Ecole navale

Le souvenir de la pêche à Islande, qui a tant marqué l'histoire des Côtes-du-Nord, revit un peu grâce aux goélettes de la Marine nationale, l'*Etoile* et la *Belle Poule*. En 2003, elles ont ainsi reçu un accueil digne du passé qu'elles illustrent à Reykjavik, où elles accompagnaient les voiliers modernes de la course Skipper d'Islande, rappelant l'époque héroïque et souvent cruelle où Paimpol envoyait à Islande 80 goélettes armées par 1 900 marins. Souvent considérées comme de vraies goélettes islandaises, ces deux unités sont en fait un compromis entre les dundées islandais gravelinois et les goélettes de Bretagne Nord, avec une influence de la tradition fécampoise et une recherche d'esthétique et de marche inspirée par le yachting.

C'est en 1932 que ces goélettes à hunier furent lancées au Chantier naval de Normandie de Fécamp, à la demande de la Marine nationale. La *Belle Poule* mesure 25,30 mètres (32,50 mètres hors tout) pour une largeur au maître-bau de 7,20 mètres, et un tirant d'eau de 3,50 mètres. Elle peut recevoir douze élèves ou cadets dans le poste avant et trente dans la partie centrale. Elle porte le gréement des dernières goélettes islandaises avec une surface de voilure de 425 m^2 : grand voile, misaine, flèche, voile d'étai, hunier plein à rouleau et trois voiles d'avant avec un clin-foc.

Au vent arrière, les goélettes peuvent gréer une fortune de 155 m^2 sous le hunier, appelée misaine carrée ; par beau temps, leur garde-robe, complétée d'une trinquette ballon et du grand foc, atteint 600 m^2… Les officiers des deux goélettes mettent un point d'honneur à entrer dans les ports sous voiles et le mouillage

En 2000 et 2006, les deux goélettes de la Marine nationale se sont rendues de Paimpol à Islande pour commémorer le souvenir de la grande pêche morutière. Entretenues avec amour par des commandants et des équipages motivés, l'*Etoile* et la *Belle Poule* présentent un gréement très divisé, mais efficace. Elles procurent toujours une émotion quand elles évoluent en manœuvres savantes, rapides et apparemment faciles, qui laissent pourtant l'équipage quelque peu essoufflé !

à la voile est un exercice souvent pratiqué par les élèves. A partir de 25-30 nœuds de vent, la vigilance s'impose : avec 30 tonnes de lest, mieux vaut ne pas attendre que la lisse soit dans l'eau pour réduire la toile ! S'il est possible d'amener rapidement du pont le hunier à rouleau, ce n'est pas le cas du flèche ou de la voile d'étai, que l'équipage doit serrer ou rabanter.

Comme sur tous les grands voiliers, la manœuvre de virement de bord lof pour lof exige une attention particulière : l'abattée peut être compromise si la grand voile est bordée trop tôt ; mais si elle est insuffisamment bordée quand le bateau franchit le lit du vent, le choc de l'empannage peut ébranler dangereusement la mâture…

Basées à Brest, les deux goélettes ont formé et forment encore chaque année des marins par centaines, tout en sillonnant les ports d'Europe pour représenter la Marine française, participant aux rassemblements et courses de grands voiliers, à raison de deux cents jours de mer par an. Un petit conseil pour distinguer ces sœurs en construction : les mâts de la *Belle Poule* (en pin d'Oregon) sont plus foncés que ceux de l'*Etoile* (en lamellé-collé).

La côte trégorroise et la baie de Lannion

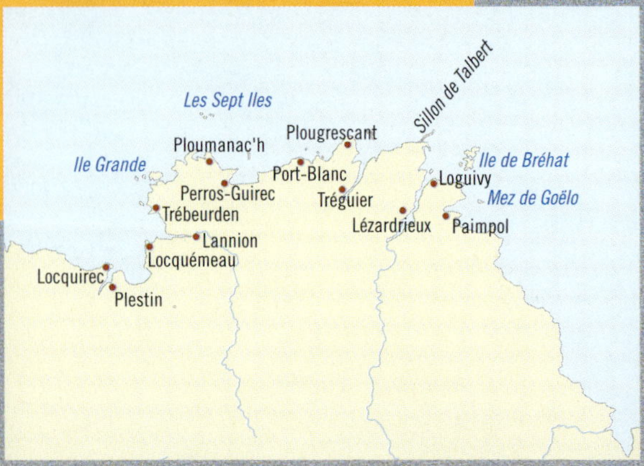

Barr Awel, le petit flambart de Locquémeau, impressionne toujours par sa voilure, et surtout par son taillevent bômé, qui semble démesuré par rapport à sa taille.

Le port de Lannion au début du XXᵉ siècle. Au premier plan, un beau flambart à moustache et liston de couleur claire. Filets séchant entre ses deux mâts presque égaux, il laisse voir tous les détails d'un chalut à perche, dont on voit bien les pierres d'extrémité.

Si le Trégor est limité à l'est par la rivière du Trieux et à l'ouest par celle de Morlaix, nous avons volontairement placé le Trieux dans le chapitre précédent, le reliant à l'archipel de Bréhat et à Paimpol, les Héaux de Bréhat formant une frontière plus tangible pour les marins habitués à rôder dans ces parages. Jadis actif port de cabotage, situé au confluent du Jaudy et du Guindy, le port de Tréguier connaît aujourd'hui un trafic de 84 832 tonnes, notamment grâce au bornage vers Pontrieux et au transport de kaolin. Lannion a, en revanche, perdu sa vocation et son quartier maritimes ; l'anse de Viarmes, où les paysans venaient chercher sable et goémon, a été malheureusement comblée en 1966... A quand le recreusement ?
Les flambarts qui travaillaient sur ces côtes gréaient deux mâts portant des voiles au tiers, dont un taillevent bômé. A l'est de Tréguier, ils étaient bien toilés, à mâts haubanés, d'assez fort déplacement, comme les gabares à goémon de Perros qui jaugeaient environ 8 tonneaux. De Ploumanac'h à Locquémeau, les flambarts étaient plus légers, avec une mâture mobile et des lignes assez tendues pour pratiquer la pêche à la sardine à l'aviron et le transport du sable ou du goémon. A la fin du XIXᵉ siècle, certains bateaux furent construits au chantier Sibiril de Carantec et en prirent le style : étrave plus droite, coque râblée et taillevent beaucoup plus grand que la misaine.
La sardine était pêchée dans la baie de Lannion et débarquée à Trédrez-Locquémeau, seul port de débarquement des pêches en frais de la baie pour les chaloupes de Trébeurden, Lannion, Locquirec, Plestin-les-Grèves. En 1909, Locquémeau comptait 70 bateaux. Le flambart sardinier, très toilé, était armé par trois ou quatre hommes qui faisaient deux sorties par jour ; ils pêchaient à l'aviron, le bateau dématé, avec des filets de dérive ou des filets droits, et revenaient le plus vite possible au port pour vendre leur pêche aux conserveries. L'hiver, ils se consacraient à la récolte du goémon ou du maërl. Dans le Trégor, la récolte des amendements marins a toujours été très active. Sable, maërl ou goémon se récoltaient d'octobre à décembre et d'avril à juin. Le bateau s'échouait sur un champ d'algues et l'équipage coupait le goémon à la faucille ; le bateau regagnait le port au flot, la lisse au ras de l'eau, ce qui rendait la navigation difficile quand le courant et les sautes de vent s'en mêlaient : entre 1896 et 1908, le quartier de Lannion enregistra vingt-huit naufrages...
De 1984 à 1992, cinq flambarts ont vu le jour sur les Côtes-d'Armor, dont trois dans le Trégor : *An Durzunel*, *Barr Awel* et *Ar Jentilez*, les deux derniers naviguant toujours dans le somptueux décor de la côte de Granit rose et de l'archipel des Sept-Iles. Ploumanac'h accueille aussi de nombreuses unités en bois, que des régates estivales réunissent, rappelant le temps où les pêcheurs s'affrontaient sur l'eau. Le tourisme est très actif sur ce magnifique littoral, où les ports de Trébeurden (plus 700 places) et de Perros-Guirec (plus de 800) sont les plus importants.
Loin de ces « parkings à bateaux », l'artiste trégorrois Yvon Le Corre, installé à Tréguier, a dit son bonheur de naviguer sur ces côtes dans son livre *Les outils de la passion* : « Le Trégor est un patchwork de champs blonds et de bois sombres. Ma joie est de pénétrer les rias, avec le flot du soir, sous les lumières qui n'en finissent pas de mourir. » Adepte d'une navigation traditionnelle, en accord avec la nature, il connaît tous les îlots et cailloux du Trégor qu'il a sillonné sur ses bateaux successifs, « jusqu'à sentir les muscles de l'eau ».

Un voilier d'exception : Girl Joyce, à Yvon Le Corre

Après, entre autres, la *Marie-Chose* (1911), *Iris* (1902) et *Eliboubane* (plan de 1890), Yvon Le Corre, artiste voyageur, poursuit sa remontée dans le temps. Depuis 2003, son cœur de marin est pris, n'y courrez plus : cette fois, c'est à « la garce des garces », sa splendide *Girl Joyce*, de 1855, qu'il avait déjà croisée il y a trente ans (et jamais oubliée), qu'il a donné son âme. Il pourrait la dessiner sous toutes les membrures, mais il en parle aussi très bien :

« *Girl Joyce* est un Plymouth hooker, un ligneur de la Manche, du milieu du XIXe siècle (la date de 1855 est gravée sur l'un des barrots), qui pratiquait volontiers le pilotage, parce que ces bateaux avaient des qualités de marche qui s'y prêtaient et devaient tenir la mer par tous les temps. Il a travaillé jusqu'en 1930. En 1934, *Girl Joyce* gît à l'état d'épave dans le port de Saint-Hélier à Jersey, quand M. Mourant le rachète pour qu'il ne soit pas détruit. Il coupe la voûte arrière, qui est en mauvais état, et la remplace par un tableau rapporté en bout de bordé. Le bateau mesure 10 mètres (14 mètres hors tout), 2,80 mètres au porte-hauban et déplace 11 tonnes. Le maître-couple se situe aux deux tiers arrière, la coque est très frégatée ; son tirant d'eau est de 80 centimètres à l'avant, avec un brion très marqué (il passe très bien dans le clapot), et de 1,80 mètre à l'arrière.

Girl Joyce au chantier de Gilles Conrath à Paimpol au printemps 2006 : une voûte en *lute-stern* a été refaite et le plan de pont légèrement modifié.

« En 1940, il a sauvé des Tommies, réfugiés dans la poche de Saint-Malo, et s'est fait tirer dessus depuis la pointe du Décollé, ce qui lui vaut le droit d'arborer une flamme spéciale pour fait de guerre. Après-guerre, le gréement a été complètement refondu dans l'esprit du *Diarchy*, propre aux pilotes de Bristol (flèche endraillé dans le mât de flèche, draille et drisse de foc sur enrouleur) et le grand rouf a été installé.

« *Girl Joyce* a remporté la course Cowes-Dinard en 1954. Son nom apparaît alors sur les registres du Lloyds avec sa formule de rating, mais sans indication concernant le lieu et la date de sa construction, ce qui est très rare, et induit sans doute une construction très ancienne. Ce côté ancien, voire archaïque, se lit dans les lignes très pincées à l'étrave, son maître-couple en V relativement lourd (près de 6 tonnes de lest sous le plancher, au-dessus de la quille) et une coulée arrière très dégagée. Il a été francisé à Tréguier en 1970 par son premier propriétaire français, Bernard Bichard. Puis il a changé plusieurs fois de mains. »

Et c'est au chantier de La Passagère, sur la Rance, qu'Yvon Le Corre a retrouvé *Girl Joyce*, seule et abandonnée, n'ayant plus navigué depuis dix ans. Malgré plusieurs rivaux sur les rangs, c'est dans ses bras qu'elle tombe en 2003 et c'est sans doute parce qu'il était celui qui l'aimait le plus qu'il lui a offert la restauration qu'elle méritait. Le chantier de Gilles Conrath à Paimpol mettra neuf mois à lui refaire une beauté. « C'était une épave », confie sobrement le charpentier. Au printemps 2006, *Girl Joyce* était de nouveau en toilette au chantier : Yvon Le Corre a fait refaire sa voûte en lui ajoutant un « lute-stern » (voûte concave typique de certains bateaux anglais du temps) et modifier ses roufs pour lui redonner sa divine silhouette. Quand on aime…

Yvon Le Corre à la barre. « Je suis finistérien ; non, plutôt marin d'origine », a-t-il écrit dans *Les outils de la passion*.

Marie-Georgette au largue a établi son flèche à bâton (ou balestron) ; sur ces gréements à corne assez courte et apiquée, le modeste espar procure une surface de voilure portante supplémentaire dans les hauts. À bord, image de vie et de joie à l'arrivée sur un mouillage secret.

Dans les cailloux, exactement !

Au Castel-Plougrescant, *Marie-Georgette*

Dans un tout autre genre, en d'autres temps, un autre métier… Construit à Roscoff en 1947, *Marie-Georgette*, joli sloup de 8,60 mètres, a servi de courrier entre le continent et l'île de Batz avant de partir travailler à la pêche en rade de Brest, où Jean-Jacques Joyeux l'a retrouvée et restaurée, avant de pousser avec jusqu'au Portugal ! Pascal Jeusset l'a acquise en 1988, alors qu'elle était regréée en cotre, pour faire des sorties à la journée et initier les gens à la voile et à la pêche d'avril à septembre, au départ du Castel-Plougrescant ; une activité devenue courante, mais qui était novatrice à l'époque. « Je ne barre jamais ! Les gens participent à la manœuvre et moi je leur explique le coin, les cailloux, la navigation, les oiseaux ! »

Cet ancien marin pêcheur de quarante-cinq ans bichonne sa *Marie-Georgette* qu'il connaît sur le bout des doigts. « Depuis le temps, on a presque tout changé dessus. En 1947, après-guerre, le bois devait manquer, car le bateau a été construit en orme. Ce qui était sous l'eau, ça allait, mais au-dessus… » Chaque année, des membrures et des bordages sont donc changés ; en 2005-2006, l'étrave et les plats-bords ont été remplacés et l'arrière a été modifié pour gagner de la place. Indépendant, titulaire d'un brevet PPV, Pascal travaille à son compte.

Installé depuis vingt-cinq ans à Plougrescant, il y tient avec Sophie, sa compagne, une fille du pays, le bar Le Gavroche, du nom de l'ancien bateau sur lequel il a navigué dix-sept ans à la pêche… et qui trône dans le jardin. « Il devait être brûlé, alors, il est toujours mieux là qu'ailleurs, non ? Et puis, c'est aussi un patrimoine à conserver. »

Avec *Marie-Georgette*, les sorties à la journée durent six à huit heures : pose de casiers, casse-croûte au mouillage, puis virée vers les Héaux ou les Sept-Iles pour pêcher à la traîne. A la fin de la journée, la pêche est partagée. Et si de nombreux touristes ont adopté cette formule, Pascal a le plaisir d'accueillir maintenant des gens du pays, curieux de découvrir leur coin vu de la mer. Sur cette côte rocheuse de dix-sept kilomètres, où le balisage est inexistant, l'expérience de l'ancien marin pêcheur est irremplaçable…

A Locquémeau, le *Cornic-Duchêne*

Aveladennou fut construit en 1952 au chantier Sibiril de Carantec pour la petite pêche de plaisance et les régates locales. Racheté en 1959 par M. Enault, un industriel qui lui donna son nom actuel, il se distingua à Locquirec par ses qualités de bon marcheur. En 1982, victime d'une voie d'eau, le cotre est amené au chantier Rolland du Diben ; le coût des travaux étant jugé trop élevé, le propriétaire le cède au mécanicien du chantier, M. Vaubrun, qui entreprend de le restaurer, mais qui finit lui aussi par le donner à Michel Jaouen, contre l'engagement de sa remise en état.

Deux ans de restauration suivent avec, notamment, la réfection du plan de voilure d'après des photos, et les espars retrouvés chez M. Enault. En 1988, Michel Jaouen revient à la barre du *Cornic-Duchêne* à Locquirec. En 1991, il le vend à trois copropriétaires qui naviguent avec lui jusqu'aux fêtes de Brest et Douarnenez. En 1998, le *Cornic* (ainsi nommé d'après le grand marin morlaisein du XVIII° siècle) participe à une régate à Locquirec : c'est là que Paul Brulin décide de l'acheter et de le ramener à Locquémeau. Jean-François Sibiril, qui l'a restauré en 2001, assure qu'il « est reparti pour trente ans ! » Après une navigation familiale cet été, et un passage aux fêtes de Ploumanac'h, Paul Brulin s'en séparera : « Ce genre de bateau, on ne le vend pas vraiment, on passe le relais », dit-il, tout heureux d'avoir partagé un moment de vie avec ce joli cotre de 5,30 mètres, et prêt à de nouvelles aventures sur le Minahouet (plans de François Vivier), qu'il est en train de se faire construire.

Le *Cornic-Duchêne* – du nom d'un grand marin de la baie, au XVIIIe siècle – est bordé en pin avec un petit pontage à l'avant. Il a été construit en 1952 au chantier Sibiril de Carantec et s'avère idéal pour la plaisance, telle qu'aime la pratiquer Paul Brulin sur les rivières boisées du Trégor.

A Port-Blanc, *Ausquémé*

Ce cotre de 9 mètres (12 mètres hors tout), semi-ponté, est basé à Port-Blanc, alors qu'il a été lancé en 1942 au Bono, dans le Morbihan, où il a pratiqué la drague des huîtres et le chalut à perche. Construit par un particulier, lassé des conseils avisés de son entourage, il l'a baptisé *Losk e me* (« foutez-moi la paix ! »). Repris comme voilier-école par une association de scouts marins, il change ensuite plusieurs fois de mains et navigue à la plaisance.

En 1991, il est racheté par Jean-Jacques Joyeux, qui propose des sorties en mer au départ de Port-Blanc. Nicolas Schouten, qui a appris à naviguer à l'école de voile de Port-Blanc, a fini par laisser tomber ses études d'informatique pour passer le brevet PPV : en 2004, il reprend le bateau et l'activité. *Ausquémé* – selon son orthographe actuelle – est très bien entretenu, mais des travaux sur les œuvres mortes sont nécessaires ; le chantier de Gilles Conrath à Paimpol s'y attelle en présence de Nicolas, qui apprend beaucoup au contact des charpentiers. En 2005, *Ausquémé* a embarqué 400 personnes, dont un public de scolaires, auquel le jeune patron entend faire découvrir la nature et la pêche à bord. Nicolas a besoin d'un mécène pour pouvoir renouveler le jeu de voiles… qui absorberait à lui seul le chiffre d'affaire d'une saison d'activité !

Ausquémé fait une approche en douceur dans la réserve naturelle des Sept-Iles. Ce cotre possède un grand cockpit dégagé, confortable et sécurisant, ceinturé d'un hiloire et de passavants étroits.

Ploumanac'h-Trégastel, un vivier de voiliers anciens

Une partie de la belle flottille de Trégastel au mouillage de Poul-Palud, saisie dans les reflets dorés du soleil couchant.

C'est sans doute parce que les fêtes des années 1980 ont fait prendre conscience de la richesse du patrimoine navigant de la région que l'on trouve aujourd'hui à Ploumanac'h et Trégastel une flottille d'une trentaine de voiliers anciens, tous plus jolis les uns que les autres. A défaut de pouvoir leur consacrer plusieurs pages, citons le plan Cornu *Marie-Clarté*, un dériveur lesté, très fin, ayant appartenu au peintre Maurice Denis, théoricien des Nabis, qui peignit souvent les régates de Perros, où il avait une propriété ; remarquablement restauré par le chantier Delangle, c'est un superbe bateau qui hiverne à Ploumanac'h. La *Clarté*, lui, est un flambart de 6 mètres, plus petit qu'*Ar Jentilez* et correspondant mieux à ceux du pays par sa taille, qui a été remis à l'eau en 2002 grâce à l'association Bag Ploumanac'h. Construit en 1967 au chantier François Hervé de Trégastel, en s'inspirant des formes d'un bateau de 1929, il a été entièrement restauré et gréé en flambart par l'association, présidée par Louis Morvan, grâce aux conseils des anciens.

Les frères Svilarich sont bien connus eux aussi à Ploumanac'h : le *Saint-Nicolas*, avant de devenir le bateau de famille, a été construit par et pour François Hervé de Trégastel, en 1952, pour participer aux régates locales ; ce cotre fin et très toilé de 6 mètres est entré dans la famille en 1954 et c'est à sa barre que les deux frères ont appris à naviguer. La *Nicole* est un coquillier de la rade de Brest, datant d'avant-guerre, long de 8 mètres. Les deux frères cherchaient alors un grand bateau, et c'est en 1979 qu'ils la découvrent, abandonnée en rade de Brest. Ils la font ramener en camion et vont la restaurer eux-mêmes ; en 1987, la tempête la drosse sur le quai, elle coule ; une nouvelle restauration s'ensuit et le bateau navigue encore. Les frères Svilarich ont aussi restauré l'*Etoile du matin*, un canot de Saint-Jacut de 4,50 mètres, revendu depuis, mais toujours basé à Ploumanac'h, et un plan Tertu de plaisance, la *Croix du Sud*, revendu lui aussi et qui a quitté le Trégor.

En plus d'un très joli Cat-boat, restauré par Eric Fournis, plusieurs cotres de Carantec séjournent dans ces eaux : *Fistot* à Raymond Coatantiec, qui date des années 1930, *Korrigan* à Yvonon, un Moguérou de 1936, *Kerz Atao* de 1949 appartenant à Bertrand Quéré, *Ke Atao*, un cotre de 1936 qui a fait la pêche au Dourduff jusqu'en 1972 (il s'appelait *Yvon* à l'époque), qui a été racheté restauré chez Sibiril, ou encore *Marie-Josée*, un ancien crevettier de Carantec des années 1960, long de 5,30 mètres, que Jean-Philippe Royer a fait restaurer.

Les amoureux des coques anciennes s'intéressent aussi aux bateaux de pêche locaux : le *Gildas* de Bertrand Quéré est un petit bateau de 4,80 mètres, construit en 1949, que son propriétaire amène tous les jours à la pêche ; il a été suivi par la restauration du *Saint-François*, racheté en 2003, et du petit *Awel Mad*. Une importante flottille de canots à misaine participe aux régates de la baie de Sainte-Anne à Trégastel : « Quand tout le monde est là, on est bien dix-sept ou dix-huit », constate fièrement Bertrand Quéré qui en possède lui-même deux, *Koroï* et *Mab Ar Mor* ! Tous ces beaux voiliers se retrouvent chaque été pour les Régates de l'amitié, organisées par le Comité d'organisation des fêtes maritimes de Ploumanac'h, dont tous les marins se connaissent : ils se signalent les voiliers à sauver et partagent conseils et coups de main autour d'une restauration quand ils ne sont pas sur l'eau…

Un canot de sauvetage… sauvé : l'*Aimée-Hilda*

Ce canot de sauvetage, construit en 1949, navigue toujours avec sa grand voile d'origine ! Construit au chantier Jouët de Sartrouville, il est le dix-septième d'une série qui en compta plus de vingt et, selon Bertrand Quéré, le président de l'association qui le gère, c'est sans doute le dernier à avoir été armé à la voile ; une voile en coton double zéro qu'il grée pour les fêtes maritimes, et afin de stabiliser le bateau, qui a tendance à rouler en mer. Les deux moteurs Baudouin DB de 28 chevaux sont aussi d'origine et se démarrent à la manivelle ! Arrivé en 1950 à Perros-Guirec, il porte le nom des donatrices qui ont permis de remplacer le *William Spear*, l'ancien canot qui avait brûlé en 1944.

Long de 11,60 mètres pour 3,20 mètres de large et calant 1 mètre, il était armé par six hommes. L'*Aimée-Hilda* a vécu une vie tranquille, si ce n'est l'affaire du 29 septembre 1962 : parti porter secours à un langoustier qui faisait route de Douarnenez à Granville et qui était en avarie de machine, il est resté plus de 24 heures en mer par une tempête de suroît. Malgré l'inquiétude qui régnait pendant cette longue attente à Ploumanac'h, tout le monde fut sauvé.

Le canot a été entièrement restauré par des bénévoles dans un hangar de La Clarté pendant deux ans. Des dalots classiques ont remplacé les trois puits autovideurs et la superstructure a été retouchée à plusieurs endroits. Il navigue aujourd'hui avec les adhérents de l'association et se rend à toutes les fêtes auxquelles il est convié. « Ce canot, quand on l'a vu arriver en 1950, nous avait fait une très forte impression ! A l'époque, les plus grands bateaux ne dépassaient pas 7 mètres ici ! », se souvient Bertrand Quéré.

L'*Aimée-Hilda* bénéficie des derniers perfectionnements de l'architecture navale d'une époque dont Jouët est représentatif. La protection de l'étrave, le bourrelet de préceinte, le feston de ligne de vie… Des superstructures sobres et étanches qui participent à la capacité de redressement.

Le *Kotick* entre dans le havre de Ploumanac'h, en passant devant le château de Costaérès. Capelage haut placé, vergue apiquée : un flèche est inutile. Le grand plan de quille lesté porte le gouvernail à jaumière. Le tableau à l'équerre soulage bien par mer d'arrière et préserve des lignes tendues.
En médaillon : 1931, au chantier Moguérou-Jézéquel : le *Kotick* va être lancé pour M. Le Fol.

Le *Kotick*, cotre de Carantec

Construit en 1931 chez Moguérou, *Kotick* a été conçu pour la plaisance à l'intention de M. Le Fol, sur des plans dérivés de ceux de l'architecte Victor Brix. Appelé *Kotick*, du nom du phoque blanc du *Livre de la jungle* de Kipling, son premier propriétaire fit avec lui de très belles croisières, profitant « de sa tenue à la mer remarquable ». Le pont n'avait pas de rouf et il n'y avait pas la hauteur sous barrots, mais qu'importe, puisque le bateau, qui naviguait à la journée, « torchait » !

M. Le Fol, qui n'a jamais voulu vendre ses bateaux, l'a donné à Jean Leborey, botaniste réputé, qui l'a ensuite cédé à quelques jeunes qui cherchaient un bateau pour se rendre aux fêtes de Brest 92. Ces jeunes, parmi lesquels le charpentier Klas Stelleman, l'ont en partie restauré et ont navigué sur le *Kotick* avant de le céder à l'association Ar Jentilez en 1996. Il a nécessité une restauration presque complète, que l'association a dû confier à un chantier, après avoir commencé elle-même les travaux. L'entraide étant de mise entre marins de Ploumanac'h, le comité d'organisation des fêtes maritimes a d'emblée donné une jolie somme pour permettre sa restauration ; d'autres subventions ont suivi et le voilier a été classé en 2001.

Lors de sa remise à l'eau, une cérémonie émouvante a réuni tous ses propriétaires, dont Jean Leborey et Mme Le Fol. Un jeu de voiles neuves a été confectionné en 2005 et le *Kotick* semble plus vaillant que jamais. « A deux, c'est très bien, à quatre, c'est le maximum. On touche à la voile sportive avec ce petit cotre dont les qualités sont étonnantes », se réjouissent Claude Hautenave et Jean-Paul Le Gaouyat, qui ont connu et admiré le bateau quand ils étaient enfants…

Les Fêtes de Ploumanac'h

Ploumanac'h a ses fêtes maritimes depuis 1983, l'une des premières et les plus appréciées de Bretagne. Le merveilleux havre de Ploumanac'h, ses amoncellements de rochers roses, son romantique château de Costaérès, ses maisons de pêcheurs, constituent déjà un atout indiscutable pour accueillir un rassemblement de voiliers anciens. Mais le décor ne suffit pas. Les organisateurs, tous marins et profondément attachés à leur pays, ont toujours gardé l'exigence d'un contenu culturel et pédagogique pour mieux transmettre les valeurs et l'histoire de leur pays maritime. Outre les régates qui réunissent les bateaux emblématiques de Bretagne Nord et d'au-delà, et la flotte locale des cotres et canots à misaine, un riche programme musical accompagne ces trois jours de fête, où se déroulent aussi des conférences, des débats et des expositions, des démonstrations de savoir-faire marins et des concours de godille ou de matelotage… La mise en valeur des professionnels de la mer, leur rencontre avec des scientifiques, la défense du patrimoine maritime, naturel et bâti du pays, sont des lignes de force de cette fête, devenue l'un des rendez-vous les plus attendus des marins et du public. Six éditions ont déjà eu lieu, dont la dernière à l'été 2006, et c'est à chaque fois un bonheur de pouvoir côtoyer autant de bateaux et de marins, dans un esprit convivial, qui repose aussi sur l'efficacité des six cents bénévoles investis dans cette mission…

Les fêtes de Ploumanac'h sont l'occasion de régates où se mêlent tous les types de gréements. Quand les bateaux sont échoués dans le port, la fête sur les quais peut commencer…

Un amoureux de la nature : Sant C'hireg au gré des Sept-Iles

Parmi la flottille de voiliers anciens, se glisse un bateau dont le type est étranger à la région et dont la coque est… en fibre de verre ! Mais le *Sant C'hireg* est indissociable de la réserve naturelle des Sept-Iles et de son patron, Denis Le Bras. D'origine rurale, Denis chevauche dès l'âge de quatorze ans son vélomoteur pour rendre visite aux ateliers de charpentiers, qui parsèment encore à l'époque la campagne de Perros. « Je m'asseyais sur les copeaux, je ne disais rien, je regardais ces véritables artistes, ces sculpteurs sur bois qui faisaient naître des formes magnifiques. A dix-huit ans, je savais reconnaître un bateau grâce au chantier qui l'avait construit. »

Naturaliste, passionné de culture bretonne, attaché au patrimoine local, il s'intéresse aux bateaux comme à l'un des éléments de cette culture. Si Denis a eu dans sa vie des voiliers en bois, c'est en polyester qu'il a décidé de faire construire il y a vingt ans une réplique d'un langoustier de Camaret de 15 mètres, au chantier Gendron de Noirmoutier, avec un jeu de voile mixte, traditionnelles et modernes.

Denis Le Bras, qui peut donner des cours de voile en breton, navigue avec Manu, un jeune biologiste, pour faire découvrir aux passagers la flore, la faune et l'histoire des Sept-Iles : télévision, caméra et binoculaire installés à bord permettent ainsi d'étudier les éléments du plancton pêché à l'aide d'un petit chalut ! L'initiation à la navigation et à la cartographie, la découverte des oiseaux et des phoques font partie intégrante des sorties à la journée. Ce bateau pédagogique navigue en NUC et permet aux vingt-trois passagers d'un jour de comprendre et d'apprécier le patrimoine naturel de la région pour mieux le respecter…

Avec le *Sant C'hireg*, Denis Le Bras a repris de très belles formes de carène en utilisant des matériaux contemporains. Son bateau, omniprésent dans la région, a témoigné très tôt de l'intérêt de certaines voies de recherche et de conservation.

Deux répliques de flambarts

Le terme de flambart semble avoir été peu utilisé par les marins, qui lui préféraient les appellations de « péniche à deux mâts » ou de « lougre ». La pêche à la sardine, qui se pratiquait dans la région de Lannion, se faisait sur des bateaux qui marchaient bien à la voile comme à l'aviron ; d'autre part, le transport du maërl et du goémon exigeait peu de tirant d'eau et de lest, et des coques ouvertes.

Barr Awel, flambart sardinier de Locquémeau

Barr Awel (coup de vent) a été lancé en 1992 dans le petit port de Locquémeau, qui abrite encore huit pêcheurs côtiers, pratiquant la drague à la coquille l'hiver et le filet à partir du printemps. C'est en souvenir de l'importante flottille de flambarts sardiniers du défunt quartier maritime de Lannion que la municipalité, s'appuyant sur le concours Bateaux des côtes de France, décida de construire une réplique de *Marie*, un bateau lancé en 1924 par le chantier Sibiril de Carantec, qui fut démoli en 1960.

Barr Awel en construction, sur plans de la *Marie* de 1924 ; c'est le dernier bateau issu du chantier Rolland de Primel, où s'illustrèrent trois générations de charpentiers.

Grand taillevent gréé d'une longue bôme, misaine, foc amuré sur un long bout-dehors : *Barr Awel,* l'étrave rehaussée d'une moustache blanche, fend joliment la vague.

Les plans furent discutés avec la famille du constructeur Rolland, qui avait conservé des gabarits, mais les pêcheurs travaillant encore dans la commune y sont allés de leurs conseils. La construction de *Barr Awel* a bénéficié de finances publiques et c'est le chantier Rolland du Diben qui fut choisi pour sa construction.

Si ces bateaux étaient traditionnellement très toilés, il a tout de même fallu reprendre le taillevent de *Barr Awel* qui s'est révélé trop grand, rendant le bateau dur et trop ardent, après les premiers essais. Pour une longueur de 6,90 mètres, il arbore encore 67 m^2 de voile ! « C'est un bateau très exigeant, assez physique, qui doit être manœuvré par au moins une personne expérimentée… avec des bras autour ! Malgré ça, le mât est parti faire un tour dans l'eau du côté des Echaudés l'an dernier, au retour de Binic ; le bateau est resté gréé quelques semaines en misainier… le temps qu'on refasse le mât nous-mêmes, parce que les devis étaient trop chers », explique Roland Pailler, l'actuel président de l'association Le flambart de Locquémeau.

Barr Awel a connu des années sombres. Il est resté des mois sur un terre-plein avant que la nouvelle équipe ne le reprenne en main. Il a dû aussi changer de moteur… qu'il doit encore rembourser. Si l'association organise ponctuellement des animations pour recueillir des subsides, elle aurait besoin d'un mécène, et peut-être surtout de resserrer les liens avec la population, qui s'était montrée enthousiaste au lancement du projet. La solution de la navigation en NUC, adoptée initialement grâce à une convention passée avec l'école de voile locale, s'est révélée trop coûteuse pour un bateau de cette taille, qui ne peut emmener que six personnes en mer. *Barr Awel* est donc aujourd'hui homologué en plaisance et n'a pas de programme précis, hormis les rendez-vous des fêtes maritimes ; sinon, il « fait des ronds dans l'eau », à la demande et selon la disponibilité des trois ou quatre bénévoles de l'association qui l'ont bien en main. Sa coque bleue avec sa moustache et son liston blanc sont, en tout cas, du plus bel effet dans le très beau havre – mer turquoise sur fonds sableux, hérissés de rochers – de Locquémeau…

LA 92

Ar Jentilez, flambart goémonier de Perros-Guirec

Le succès des fêtes de Ploumanac'h de 1987 a donné envie à la ville de Perros de reconstruire un flambart. Son choix s'est porté sur une unité de 8,90 mètres, large de 3,50 mètres, sur le modèle de l'*Espérance*, construit en 1906 par le chantier François Bernard de Plougrescant, d'où sortaient la plupart des flambarts de la baie de Perros, souvent mouillés à Pors Spern en Trelevern. L'épave de ce solide goémonier, caseyeur et sablier, dont la carrière s'est achevée en 1928, a été dépecée en 1934. C'est donc à partir de cartes postales que l'architecte François Vivier en a dessiné les plans et qu'Yvon Clochet l'a construit dans son chantier de Plouguiel.

Sa voilure de 83,50 m² en fait un bateau puissant et très manœuvrant, reconnaissable à sa coque noire, barrée d'un liston blanc. Deux personnes suffisent à manœuvrer ce bateau de 10 tonnes ; la navigation sous taillevent et foc seuls est très agréable à partir de force 3. En carguant la misaine, on peut réduire rapidement la surface de toile en conservant une voilure bien équilibrée.

Ar Jentilez en costume de fête : décoré d'hortensias, son pont accueille le mariage d'un couple de l'association. C'est aussi cela la nouvelle vie des bateaux traditionnels.

Le flambart s'est prêté à des scènes de reconstitution de déchargement de goémon à l'ancienne, dans le port de Ploumanac'h, dont on reconnaît le moulin à marée à l'arrière-plan.

Propriété de la ville de Perros, il se partage entre le centre nautique dans la semaine et l'association Ar Jentilez le week-end, qui le fait naviguer avec sa soixantaine d'adhérents, moyennant une cotisation annuelle modique. « C'est une bonne formule, car nous n'avons pas les épaules assez larges pour le faire naviguer seuls toute l'année ; cela nous permet aussi de faire découvrir la mer à des gens qui n'en ont pas forcément les moyens, ce qui a été un de nos objectifs dès le départ », explique Claude Hautenauve, l'un des coprésidents, avec Jean-Paul Le Gaouyat. Un programme de sorties est prévu en début de saison, avec le nom des dix chefs de bord qui se relaient sur le bateau, et chaque adhérent peut s'inscrire. Les sorties à la journée, avec dix personnes, les amènent à Tomé, aux Sept-Iles, du côté de Trébeurden, à Port-Blanc. Le site est magnifique et les marins aiment aussi fréquenter le Trieux ou remonter la rivière de Lannion… Si l'entretien mécanique est assuré par le chantier du Jaudy, ce sont les adhérents qui s'occupent du carénage et des petits travaux. L'ambiance est très agréable dans cette équipe soudée où l'amitié, l'attachement au pays et l'amour des beaux voiliers font bon ménage…

Ar Jentilez sous voiles. Une dizaine de chefs de bord, tous mordus, font naviguer le flambart de mai à septembre. Depuis sa construction, trois jeux de mâts se sont succédé et trois bouts-dehors ont été cassés !

La cuisine des pêcheurs

Rillettes de maquereaux

Faire cuire au court-bouillon quatre beaux maquereaux, enlever les arêtes et la peau, puis les écraser à la fourchette. Mélanger avec une bonne quantité de beurre (préalablement sorti du réfrigérateur) jusqu'à obtenir une pâte un peu crémeuse. Ajouter sel, poivre, citron et, selon les goûts, une pointe de curry, de muscade ou de paprika. Servir sur des tartines de pain de campagne (non beurrées !). Les rillettes peuvent être préparées en mer, avec des maquereaux tout frais (à condition d'avoir du beurre à bord).

Le challenge classique de la Manche

Les grandes fêtes maritimes, qui se voulaient populaires, ont essentiellement mis l'accent sur les bateaux de travail, les plus menacés de disparition. Enracinées dans des ports de pêche et de cabotage, elles ont su mettre en valeur la petite plaisance traditionnelle. Le patrimoine constitué par le « yachting classique » concerne essentiellement des bateaux de plaisance sans raports particuliers avec l'esprit du lieu ; leurs propriétaires ne cherchent pas forcément à faire parler d'eux, bien qu'ils soient généralement très fiers, à juste titre, de leur bête de course ou de leur belle unité de croisière. Cet univers plutôt chic regroupe de magnifiques bateaux, aussi intéressants pour la connaissance de l'architecture navale et de la course que pour les histoires d' hommes qui les ont fait naître ou naviguer.

A l'initiative d'Hervé Eliès, le propriétaire de *Palynodie II*, conçu par le grand architecte naval américain Olin Stephens pour Gaston Defferre, la Perros Classic a été créée en 2003 à Perros-Guirec. Deux ans plus tard, cet événement a rejoint le Challenge classique de la Manche – une manifestation qui regroupe aussi une régate à Dartmouth et une transmanche –, auquel une centaine de yachts ont participé. Depuis, d'autres clubs français ont manifesté leur intérêt pour cette épreuve : Cherbourg et Saint-Malo devraient ainsi entrer dans le jeu en 2007. « Nous, ce qui nous intéresse, c'est de faire participer le plus de clubs et on sent qu'il y a une réelle demande de leur part pour ces régates. Beaucoup de perspectives s'ouvrent à nous et d'autres nous rejoindront sans doute encore », explique Hervé Eliès. Il entend bien, en effet, montrer la beauté de ce patrimoine naviguant, tout en proposant une offre pertinente en matière de régates classiques, à l'instar de ce qui se pratique depuis de nombreuses années en Méditerranée (Régates royales de Cannes, Voiles de Saint-Tropez, Trophée Bailly de Suffren, etc.). Et qui bouderait son plaisir en voyant évoluer les voiliers conçus par les plus grands architectes navals, William Fife, Olin Stephens, Dick Carter ou John Illingworth ? Du « petit » J 25 *Kein Vor II*, dessiné et construit par le chantier Jézéquel, aux magnifiques cotres à corne centenaires *Nan* et *Kelpie*, en passant par *Bambi*, un plan Cornu de 1948, vainqueur de la célèbre Cowes-Dinard, le plateau du Challenge Classique de la Manche était déjà magnifique en 2005. Le public devrait prendre en 2007 encore plus de plaisir à s'immerger dans l'histoire de l'architecture navale et du yachting et puiser des émotions à la (dé)mesure des rêves puissants qui ont fait naître ces voiliers…

L'Ecosse s'invite en Manche pour régater : *Westward of Clynder*, dessiné et construit par James McGruer dans les années 1950, et *Pen Duick*, dessiné et construit par William Fife en 1898.

Nan, magnifique cotre de course de 1896, construit sur des plans de William Fife, peut gréer 301 m² de voilure au près ou 528 m² au portant.

Deux sloups goémoniers naviguent tribord amure et bord à bord avec leurs annexes traditionnelles en remorque… Ils se dirigent vers le phare de l'île Vierge, la plus haute tour tronconique des côtes françaises, qui culmine à 77 mètres.

De la baie de Morlaix aux abers

Les régates de Roscoff, ici au début du XXe siècle, pouvaient attirer jusqu'à 80 bateaux de pêche venus de toute la baie. Leur importante voilure permettait de négocier au mieux les forts courants et de capter le plus léger souffle de vent.

Le port de Morlaix fut très actif dès le XVIe siècle, mais souvent aux prises avec les Anglais, ce qui lui a valu sa réputation de cité corsaire, dont Charles Cornic Duchêne, corsaire du roi et surtout grand marin, fut l'un des plus illustres représentants. La profonde baie donnant accès à ce port de fond de ria, semée d'îlots et de rochers, balayée de forts courants, exigeait la construction de bateaux évolutifs, rapides et sûrs. La pêche se pratiquait sur des unités de moins de 8 mètres, spécialisées dans un ou deux métiers : ligne et filets à Roscoff, casiers et cordes à Carantec, ligne au Dourduff, chalut à Térénez et cordes à Primel.

Avec l'apparition du tourisme à la fin du XIXe siècle, le yachting s'est développé en s'inspirant des bateaux de pêche du pays, qui s'affrontaient lors de régates restées célèbres. Pêche et plaisance se côtoyèrent ainsi très tôt, fournissant capitaines et équipages de première force aux grands yachts.

Dès les années 1920, une multitude de canots à misaine – bômés – sont construits dans les nombreux chantiers locaux : Kerenfors (en activité durant trois siècles !) et Le Got à Roscoff, Rolland à Primel, Pauvy, Cazenave, Mével, Eliès, Jézéquel (ex-Moguérou), Nédellec, Sibiril à Carantec, qui ont tous laissé leur nom dans l'histoire en lançant des bateaux marins, évolutifs et bons marcheurs.

Evoluant progressivement de la pêche à la plaisance, ils vont susciter l'apparition d'un nouveau type local, le cat-boat, une appellation apparue en 1922 dans les régates locales pour désigner des canots à misaine de 4,50 mètres ; les constructions du chantier de Victor Cazenave (aujourd'hui Sibiril) se succéderont sur des plans de Henri Dervin et de Victor Brix. Suivront les Cormoran, série de dériveurs lestés à gréement généralement houari, dont les premières unités sont aussi sorties des chantiers Cazenave, sur un plan de l'architecte Charles Raillard ; vers 1950, on en dénombrait près de 120 ! Aujourd'hui encore, la flottille de cat-boats et de Cormoran se retrouve l'été pour disputer les régates qui se déroulent dans toute la baie. La rivière de Morlaix connut aussi une intense activité de cabotage et de bornage. Les gabares à maërl de Morlaix, mais aussi du petit estuaire de la Penzé, étaient des bateaux de fort volume, mesurant de 7 à 10 mètres, gréés en sloup. A l'entrée de la baie, l'anse de Primel abritait les bateaux pilotes qui guidaient les navires vers Morlaix, Locquirec, Lannion. La récolte du goémon, comme engrais ou pour la soude puis l'iode, était une activité importante dans le Léon. Les bateaux goémoniers se rendaient sur les champs d'algues à la voile ou à l'aviron pour couper les laminaires à la « guillotine » (*falz hir*), faucille à long manche. Le « scoubidou » à main puis hydraulique a remplacé les anciens outils, tandis que les canots de 6 mètres ont cédé la place à des unités de 9 à 13 mètres, qui travaillent de Roscoff à Molène. Les fêtes de goémoniers sont toujours très vivantes, grâce notamment au remarquable travail mené par l'écomusée de Plouguerneau.

A Roscoff, le cabotage était actif. L'histoire a retenu l'esprit aventureux des « Johnnies » roscovites, santécois ou clédérois, qui embarquaient sur les goélettes à hunier ou les dundées pour vendre leurs oignons à Plymouth, en Cornouaille et en pays de Galles. Avant la dernière guerre, les *onion-sellers* ou *bell-breakers* (casseurs de sonnettes !) démarchaient par centaines au porte à porte, leurs tresses d'oignons sur l'épaule ; l'activité a ensuite décliné, mais une poignée d'irréductibles la perpétue encore aujourd'hui ; depuis quatre ans, en août, la Fête de l'oignon rosé de Roscoff convie gréements traditionnels et vieux tracteurs du pays à célébrer leur ancienne alliance ! Les relations avec la Grande-Bretagne et l'Irlande restent vivaces grâce aux ferries qui transportent chaque année 650 000 passagers au départ du port roscovite de Bloscon ; 80 % du fret du port de Roscoff concernent le sable et les amendements marins.

Le Coureur des mers… court toujours !

Le Reder Mor, cordier de Roscoff

La réplique du bateau de Louis Guyader (1876-1915) est une véritable vedette dans les eaux de Morlaix, comme le fut en son temps cet éminent patron de pêche de Roscoff : amateur passionné de régates, il battit les bisquines aux régates internationales de Saint-Malo en 1909 et se présenta « déguisé » en bateau pilote aux régates du Havre de 1913, où il finit second de cette catégorie devant des bateaux de 16 mètres bien plus toilés que lui ! Bref, un mythe !

C'est au chantier Pauvy de Carantec que Louis Guyader commanda ses trois *Reder Mor* (coureur des mers), dont le dernier, le plus grand, fut lancé en 1907 : un bateau creux, ponté à l'avant jusqu'au banc de mât, long de 13 mètres et large de 3,72 mètres, avec une voûte qui lui donne un style de yacht, une étrave haute et défendue, un brion peu immergé, un arrière surbaissé et une tonture très marquée. Il pratiquait la pêche aux cordes jusqu'à Ouessant, l'Aber-Wrac'h servant de base à l'équipage de cinq hommes qui pouvait rester sur place plusieurs jours. La surface de voilure impressionnante de ces bateaux permettait de regagner au plus vite le port pour attraper le train de marée.

Scènes de vie et de bonheur à bord du *Reder Mor* où l'ambiance laisse peu de place à la mélancolie : Guy accroupi sur la bôme, Malou à la barre, Bertrand au violon…

De cette fabuleuse histoire est née une très belle réplique, construite par Yann Rolland, du Diben, en 1991, à l'initiative de Gilles Cadoret et Serge Le Floc'h, notamment, qui fut lancée en mai 1992. Avec ses 200 m² de voilure et suivant les traces de son modèle, le « jeune » *Reder Mor* a battu en 1992 les bisquines aux régates de Cancale et remporté la Falmouth Classic en 1994. Le bateau, doté d'un petit abri à l'avant, navigue en plaisance et peut accueillir douze passagers. Présidée par Malou Jégou jusqu'en 2006, l'association est désormais dirigée par Guy Launay, l'un de ses chefs de bord. Le pic et des lames du pont vont être changés et un étui pour la voile est en cours de confection ; une fois accomplis ces petits travaux, le *Reder* s'élancera de nouveau avec ardeur sur les eaux de la Manche pour faire découvrir ses performances à de nouveaux adhérents…"

Bateau évolutif et fin boulinier, superbement toilé, le *Reder Mor* est aussi un bateau creux, large et confortable qui donne du plaisir à ses équipages.

Le sloup de charge l'Espérance

Coque verte, liston blanc, grand voile et foc rouges, trinquette blanche, long de 8,75 mètres pour 3,62 mètres de large… c'est l'*Espérance*, un bateau de 1948, construit au chantier Le Roux-Quemener de Roscoff, qui faisait le transport de fret entre le continent et l'île de Batz. Son premier propriétaire, M. Le Créach, l'a cédé à son fils qui le donnera en 1986 à l'association Sauvegarde de l'Espérance. Sa restauration est alors entreprise, puis le sloup est confié à l'Auberge de jeunesse de Batz qui le fait naviguer avec ses adhérents (quatorze personnes à la sortie), sous la houlette de Jo Tranvouez.

En 1993, une nouvelle restauration est menée au chantier du Guip: une partie des varangues, le boulonnage, la quille sont, entre autres, changés ou repris. En 2000, un nouveau plan de voilure de 72 m² lui est offert. Entretenu l'hiver à Brest, jamais revenu aux abords de l'île de Batz depuis trois ans, il y remédie en 2006. « C'est un bateau qui marche bien, grâce à sa grand voile de 48 m² et il se montre vite ardent dans la brise ; par petit temps, il nous faudrait un foc un peu plus grand pour l'équilibrer », explique Nicolas Rougeyron, qui s'occupe du bateau quand il ne travaille pas sur les goélettes ou le *Mutin* de la Marine nationale, où il est charpentier.

L'*Espérance*, aux larges flancs, servit de bateau de passage entre le continent et l'île de Batz avant d'être armé à la plaisance.

3334 MX

La flottille des cotres de Carantec

Les cotres carantécois sont si nombreux qu'on ne peut tous les citer… et les histoires qui suivent ne sont que quelques exemples de ce que peuvent accomplir des hommes amoureux de ces bateaux liés aux prestigieux constructeurs de la baie de Morlaix. Le *Jouet des Flots* fut commandé par François-Marie Simon en 1920 au chantier Pauvy de Carantec: c'est aujourd'hui le plus ancien «Carantec» en état de naviguer. Long de 7,95 mètres (12,30 mètres hors tout), plus grand que les autres cotres (généralement entre 4,50 et 5,50 mètres), il se distingua dès l'origine par sa rapidité et sa légèreté, comme le souligne Jean Le Bot dans son ouvrage *Bateaux des côtes de la Bretagne Nord*. Son premier patron a pratiqué la pêche au casier et à la palangre jusqu'en 1946 entre Carantec et l'île de Batz, avant de le céder à François Lhour, qui l'a regréé en diminuant la grand voile et en ajoutant un tapecul, puis utilisé pour la pêche aux filières de casiers.

Le *Jouet des Flots*, cotre de Carantec dont Jean Le Bot a relevé les plans en 1971, navigue à nouveau dans les eaux de son Léon natal.

Le bateau entama ensuite une longue carrière à la plaisance, changeant plusieurs fois de propriétaires. Citons, en 1969, Roland Helmlinger qui reconstitua son gréement d'origine, tout en naviguant dans la baie de Morlaix; en 1983, le *Jouet des Flots* explore les eaux de Trébeurden et il est équipé d'un moteur; en 1987, Xavier Gilbert le rachète et lui offre

Annik est un joli petit cotre que son patron, Jean-René Lamanda, utilise pour la pêche de plaisance après l'avoir longuement restauré.

une sérieuse restauration, menée par le charpentier Michel Le Charlès de Saint-Malo entre 1989 et 1992. Le bateau navigue alors en Rance et aux alentours de la baie de Saint-Malo.

En 2004, des descendants du « Vieux Monsieur Simon » fondent une association pour ramener, après plus de vingt ans d'absence, le *Jouet des Flots* dans son pays. « Après avoir cassé le mât aux fêtes de Douarnenez 2004, nous en avons retaillé un d'après les conseils d'un charpentier averti. Ce mât, vraisemblablement plus proche des dimensions correctes, fonctionne bien. Il n'attend plus qu'une voile neuve », explique Jean-François Lebleu, arrière-petit-neveu de François-Marie Simon, qui avoue se faire des cheveux dans la crainte d'une déchirure ! « Le bateau fonctionne exclusivement sous forme associative, mais nous sommes ravis d'embarquer des invités de temps en temps, et cela reste assez ouvert. Bien sûr, lorsque les gens reviennent, ils sont fortement encouragés à verser une cotisation qui nous permet de faire vivre ce bateau historique », confie le patron qui espère offrir de nouvelles aventures au magnifique bateau de son ancêtre…

Annik, petit cotre du Diben, n'a jamais quitté l'anse de Primel, toute proche, depuis sa construction en 1939. Guillaume Postic avait commandé au charpentier Vincent Rolland un petit bateau de 5 mètres de long, léger et bon marcheur à la voile. Achevé en septembre 1940, il travailla à la pêche, avec un jeu de voiles confectionné par son patron, jusque dans les années 1950, où le bateau fut vendu à Auguste Jaouen.

Son propriétaire actuel, Jean-René Lamanda, a eu l'occasion de naviguer quand il était enfant avec Auguste : aussi connaît-il bien l'*Annik* quand il le rachète en 2001 à Yann, le petit-fils du constructeur Rolland. Une belle restauration, accomplie avec patience et savoir-faire par son propriétaire, l'a remis à flot en juin 2003. Depuis, Jean-René Lamanda sort avec *Annik* été comme hiver pour se livrer à sa passion, la pêche : deux casiers pour les araignées – la langouste a quasi disparu de la baie et le homard y est exceptionnel –, des lignes pour le bar, le lieu et le maquereau, un filet tramail pour la sole, le rouget et la vieille, et pêche à la turlutte pour les encornets sont au menu de ses journées sur l'eau. Les pêcheurs plaisanciers du Diben, parmi lesquels Jean-René est le seul à naviguer sur un bateau traditionnel, côtoient une douzaine de pêcheurs professionnels.

Une très belle restauration pour *Gwenvidig* que son propriétaire, Richard Madrange, a mené lui-même, avec la précieuse collaboration du charpentier Gerd Löhmann.

Gwenvidig (bienheureux) a été construit au chantier Nédélec de Carantec, en 1954. En 1998, quand Richard Madrange le rachète, il n'en reste qu'une coque délabrée sans pont ni gréement. Au fond du jardin familial, il va mener une restauration exemplaire pendant trois ans, avec la volonté de lui redonner ses formes d'origine. Utilisant du pin du Nord pour le bordé et le mât, de l'acacia pour les membrures ployées et du chêne pour le reste, il redonne vie à ce joli cotre à corne de 6,50 mètres pour 2,45 mètres de large, calant 1,06 mètre. Dès la première sortie, il est récompensé: « Ce qui m'a frappé c'est la puissance, le confort, et le sentiment de sécurité qui se dégage de ce bateau; ce jour-là, il y avait un gros clapot et je suis toujours resté bien au sec dans le cockpit. J'ai découvert aussi le plaisir de la manœuvre. [...] Comme je navigue souvent seul, ce qui m'importait surtout c'était l'équilibre sous voiles et, là, je suis comblé: je peux lâcher la barre au plus près et le bateau continue sa route seul. »

La *Jeannette* est sauvée; elle sera transportée jusqu'au musée du Bateau de Douarnenez, au grand soulagement de Jean Gentil, son dernier propriétaire. En haut à droite: Louise et François Guivarch, qui ont fait construire la *Jeannette*.

La *Jeannette* fut construite en 1957 au chantier de Vincent Rolland: mesurant 6,50 mètres pour 2,70 mètres de large, calant 1,40 mètre, ses membrures, l'étrave et l'étambot sont en chêne, et le reste en orme et en iroko. Le bateau a été conçu pour pêcher l'oursin en hiver. Cette pêche introduite dans les années 1950, sans doute pas assez sélective, a épuisé la ressource dès les années 1970. En 1973, François Guivarch, qui travaillait avec sa femme Louise, prend sa retraite et vend la *Jeannette* à Jean Gentil qui pratique avec elle le casier et supprime les voiles. En 1991, elle est menacée d'être détruite en vertu de la réduction de flotte imposée par Bruxelles; une extrémité à laquelle son dernier patron ne peut se résoudre. Grâce à Loïc Morault et aux militants du patrimoine maritime, le bateau est classé *in extremis.* Au Diben, en Plougasnou, le bateau est gruté et chargé sur un camion. Son dernier voyage le dépose au musée du Bateau à Douarnenez où le public peut l'admirer.

Dalc'h Mad est un cotre de 5,50 mètres lancé par le chantier Rolland de Plougasnou, qui a été construit par Jean Rolland père, en 1962. Du chêne pour la quille, de l'acacia pour les membrures ployées, du niangon pour la coque, de l'acajou pour le pont et les emménagements intérieurs... un bijou! La coque en forme est composée de membrures ployées alternant avec des membrures chantournées. A l'origine, les voiles étaient en coton blanc, mais elles ont été remplacées par du tissu Tergal de couleur ocre. Il fréquente avec son patron Yannick Morvan, depuis 2002, les abords du petit port du Korejou, participant à de nombreuses manifestations nautiques.

Depuis 1999, trois nouveaux cat-boats sont sortis du chantier d'Alain Jézéquel, qui dirige l'entreprise familiale à la suite de son père Georges, lequel avait lui-même pris la gérance du chantier d'Eugène Moguérou en 1952. Ces habiles constructeurs ont donné vie à des bateaux légers aux formes fines et élégantes, comme des plans Cornu et Sergent, mais aussi des Cormoran et des cat-boats. Le dernier cat-boat en date appartient à Frédéric Jossier, qui possède déjà la *Licorne*; le plus ancien est celui d'Alain Moguérou, *Amzer Zo*, construit en 1954, suivi par le *Joline II* (1955), de Georges Jézéquel, passé aux mains de son fils Olivier, qui l'a confié à son neveu Jean-Marie Jézéquel! Fruits d'histoires de famille et de copains, plus d'une vingtaine de cat-boats croisent aujourd'hui dans la baie, pour des navigations familiales ou des parties de pêche. Le programme de régates proposé par différentes associations

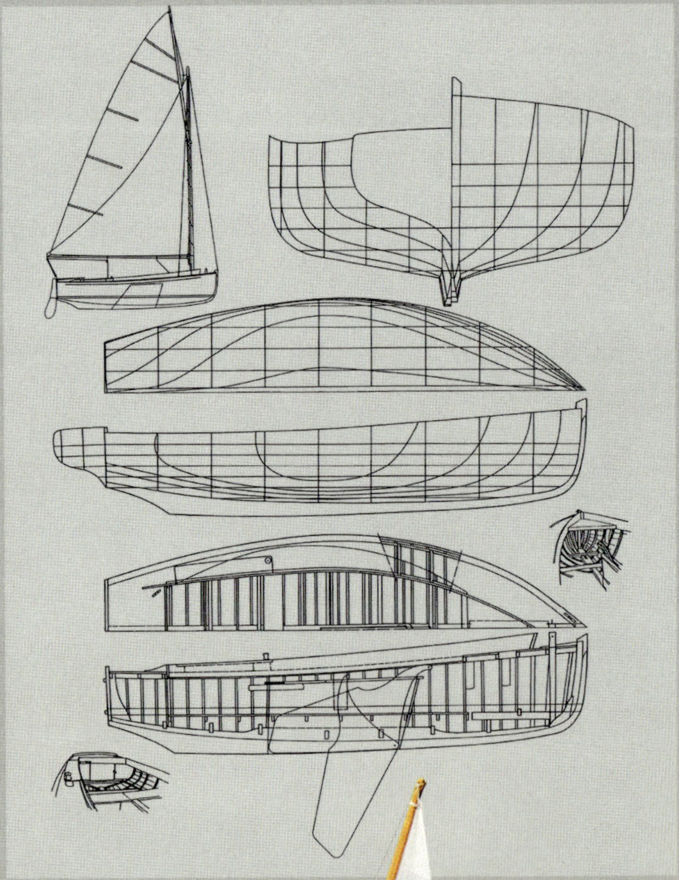

En 1987, la Société des régates de Térénez relance les régates de bateaux traditionnels: huit Cormoran s'alignent au départ. Depuis lors, l'été est marqué par de multiples rendez-vous, comme cette régate qui a réuni de nombreux Cormoran en 1998.

dans toute la baie, de Roscoff à Térénez, et autour de Carantec, point central et plus grand centre nautique du secteur pour la voile légère, est impressionnant : tous les week-ends, de la fin juin à la mi-septembre, Cormoran, Caravelle, Cat-boat, bateaux en bois traditionnels ou bateaux de série en polyester participent aux rassemblements amicaux. Si le Royal abri du pêcheur yacht squadron (RAPYS), présidé par Olivier Jézéquel, se dégage de l'organisation du Tour de l'île Callot, devenu trop lourd à gérer (110 bateaux, 500 convives au dernier banquet !), il va tenter de relancer la Coupe Farah Diba, du nom de l'épouse du Shah d'Iran, qui se déroulait dans les années 1955-1965, lorsqu'elle villégiaturait à l'île de Batz !

Le chantier d'Alain Jézéquel fabrique cat-boats et Cormoran avec un souci manifeste de perfection dans les finitions.

Pen Kalet, Cormoran à clins

Le seul Cormoran construit à clins, long de 5 mètres, est né en 1939 au chantier Eliès de Carantec sur un plan de Henri Dervin, pour le compte d'un garagiste de Morlaix, Loïc Merrer. Il était surnommé le « 52 », d'après son numéro de voile, par les plaisanciers de la baie qui admiraient ce brillant régatier. Jean-Yves Fichoux retrouve le *Loïc* en 1990, abandonné dans un champ à Locquénolé depuis vingt ans ; rebaptisé *Pen Kalet* (tête dure), il le restaure de 1993 à 1995 avec l'aide du chantier Le Got. Bordé en acajou, sur membrures ployées en acacia, ce fin marcheur peut porter 25 m² de toile et possède toujours sa trinquette d'origine ! Avec sa fille, Anne, « seule équipière autorisée à monter à bord », Tit Jean navigue le plus souvent seul, accompagné de son fidèle Labrador, Lewis, dans les eaux de Plouguerneau et des environs, n'hésitant jamais à honorer de sa prestance une fête maritime.

« Tit Jean » Fichoux est l'une des figures les plus attachantes des Martoloded Plouguerne ; son Cormoran à clins, bordé acajou sur membrures ployées en acacia, n'est plus dans la jauge, mais cela ne tracasse pas outre mesure son patron !

Alcyon est un grand cotre à corne, construit chez Jézéquel à la demande de Maxime Inizan et lancé en 1991. La réflexion de ces deux hommes a donné vie à une magnifique unité, dont les finitions confinent au travail d'ébéniste.

Ci-dessous: *Goalen*, bateau très creux, offre un beau volume intérieur et possède un francbord important.
Louis Sibiril pose avec la demicoque de *Goalen*. La tradition de ce chantier familial de construction bois se poursuit aujourd'hui grâce à Jean-François.

Des unités plus récentes naviguent en baie. En 1989, Loïc Morault décide de faire construire un cotre sur le modèle d'un ancien ligneur du Dourduff, conçu vers 1930, par le chantier Sibiril. Ce sera *Goalen*, mis à l'eau en juillet 1990 : 6,50 mètres de long pour 2,35 mètres de large, avec un tirant d'eau de 1,35 mètre, 3 tonnes de déplacement, et une voilure de 47 m². Ce bateau creux, garni d'un petit pontage à l'avant et à l'arrière, est un digne descendant des « purs Carantec », râblé, haut sur l'eau, droit devant et derrière, avec une courte voûte. Un autre exemple de cotre moderne est l'*Alcyon*, une grande unité de 10 mètres de long pour 3,30 mètres de large, déplaçant 8 tonnes, que Maxime Inizan a commandée en 1988 au chantier Jézéquel. Mis à l'eau en septembre 1991, c'est un chef-d'œuvre de construction navale, qui grée 83 m² de voilure, avec de magnifiques finitions, dont un accastillage en bronze qui répond à la chaleur des bois vernis.

Les « pigoulllers » naviguent en flottille

Les Marteloded Plougerne, ou marins de Plouguerneau, sont un regroupement et non une association, car les propriétaires des goémoniers et bateaux traditionnels du Léon ne se reconnaissent qu'une seule obligation : la solidarité. Foin des statuts, des cotisations, de la hiérarchie… s'ils sont unis, c'est seulement par amour de leur bateau et ils n'affichent qu'un but : le plaisir de naviguer ensemble ! Dans la vingtaine de bateaux composant la flottille en janvier 2006, on trouvait les goémoniers *Karreg Hir, Saint-Paul, Reine de la Mer, Ar Vor, Corsaire, An Tri Vreur*. Ces bateaux creux d'environ 6 mètres, au maître-couple très large et au faible tirant d'eau, ont appartenu à une forte flottille qui pratiquait la collecte du *tali* (laminaire), du début du printemps jusqu'à la fin de l'année sur la côte plouguernéenne. Ils étaient gréés d'une voile à corne et d'une trinquette frappée à l'étrave ; au portant, un foc amuré sur un aviron, faisant office de bout-dehors, pouvait être ajouté. Les bateaux qui naviguent aujourd'hui ont tous été construits au chantier Le Got de Plouguerneau, où se sont succédé trois générations de constructeurs, dont le dernier a pris récemment sa retraite.

Reine de la Mer précède *Ar Vor* lors d'une sortie dans l'aber Wrac'h, magnifique plan d'eau, bien abrité, pour les petits sloups goémoniers.

Karreg Hir en démonstration de récolte de goémon au large de Plouguerneau. Calant peu et pouvant charger beaucoup, c'est le bateau idéal pour ce type de travail.
Ci-dessous : L'ex-voto de *Saint-Paul*.

Karreg Hir (roche longue) est l'ambassadeur et l'emblème de l'écomusée de Plouguerneau, qui a su se doter d'un superbe outil pédagogique. Réplique d'un bateau traditionnel de 1930, il a été construit en 1989 au chantier de Jean-Louis Le Got, sur des gabarits que son père Théophile utilisait avant-guerre, et grâce aux aides des collectivités publiques. Long de 6 mètres, construit en chêne et en sapin, *Karreg Hir* navigue dans les parages bien mal pavés de la côte léonarde, grâce au Club nautique de Plouguerneau avec lequel l'écomusée a passé une convention. Il participe aux fêtes de goémoniers qui émaillent la vie de la côte, où sont reconstitués le déchargement et le brûlage des algues ; sa coque noire et ses voiles en coton ne dénotent pas dans le spectacle son et lumière de Kerlouan, *Pêcheurs de goémon*.

Le *Saint-Paul* fut lancé en 1959 par Paul Roudaut pour son fils Jean. Le franc-bord de 0,65 mètre à l'arrière s'élance vers l'étrave où il atteint 1,10 mètre ; calant 0,80 mètre au plus profond de sa quille en différence, il a une étrave presque perpendiculaire à la flottaison. Jean s'en servit pour récolter le *tali*, avant de périr dans un accident. François Balcon le reprit en 1962 et l'arma à la petite pêche. En 1995, le patron du *Saint-Paul* décède et le sloup de 6,10 mètres se dégrade, avant d'être repris par Jean-Yves Breton. En 2000, Jean-Yves et son *Saint-Paul* sont portés disparus pendant 26 heures. Une fortune de mer que rappelle un ex-voto à l'entrée du port du Koréjou, sur lequel le sculpteur François Breton a gravé ces mots : « Le 12 février 2000 le sloup *Saint-Paul* pris par une vague est en perdition, malmené par la tempête, dérivant toute la nuit. Jean-Yves Breton est sauvé le lendemain au large de l'île de Batz par la SNSM. » Une histoire bien mouvementée pour ce joli bateau blanc qui pratique la petite pêche de plaisance, s'est essayé à la récolte d'algue *pioca* et participe à de multiples rassemblements, ainsi qu'au son et lumière du pays.

Le très beau *Reine de la Mer* à François Breton, conçu pour la voile et restauré par ses soins, devant la tourelle du Touris en face du port de l'Aber-Wrac'h.

Reine de la Mer à François Breton est un autre sloop de 6,40 mètres, construit en 1963, mais qui n'a jamais travaillé à la voile. Yves Merdy, son premier patron, exerçait le métier de goémonier à Lilia et assurait le passage des touristes vers l'île Vierge l'été. Jean Guéguen racheta ce bateau pour pratiquer la petite pêche côtière, jusqu'en 1998. C'est alors que le sculpteur François Breton le reprend, et le fait restaurer de 1999 à 2005 par le chantier Le Got. Il supprime le moteur et réalise un gréement complet en pin Douglas; dans le petit temps, *Reine de la Mer* peut gréer près de 50 m^2 de toile. Le bateau ne cesse de naviguer: c'est le plus intrépide des petits sloops puisqu'il a accompli, en 2003, un tour complet de Bretagne!

Son patron envisage même de faire un tour de France par mer, rivières et canaux et, pourquoi pas, de pousser jusqu'en Russie par la Baltique! «Sans hélice et très toilé, le bateau est extrêmement performant à toutes les allures à partir du près bon plein… le près serré est une catastrophe! Il n'est lesté que par son équipement, mais sa largeur lui donne une bonne raideur à la toile et ses limites lui sont données d'abord par la mer: dès qu'elle est trop formée, il n'y a plus que la cape ou la fuite comme solution. La propulsion à la godille lui assure une vitesse de 2 nœuds, sans vent, et son taud (étanche par temps sec!) lui offre un grand confort de cabanage… En bref, que du bonheur!», estime son heureux propriétaire.

Ar Vor, un sloop de 5,75 mètres, a été commandé par Paul Calloc, de l'Aber-Wrac'h, au chantier Le Got en 1960. Conçu pour la pêche côtière et la plaisance, son tableau arrière est plus pincé et il traîne moins d'eau que les autres sloops du même chantier. Vendu en 1970 à François Ogor, de Lilia-Plouguerneau, *Ar Vor* est motorisé et navigue jusqu'en 2002 au moteur. En juillet 2002, Yohann, fils de l'actuel propriétaire, le rachète et pratique à son bord la pêche côtière; mais des entrées d'eau importantes et son état général imposent une restauration.

Labous Mor (oiseau de mer) navigue avec le club nautique de Plouguerneau et forme la jeunesse à la manœuvre des bateaux traditionnels.

En 2003, le sloup est regréé en voilier (avec gréement et voiles en coton d'origine!) et navigue entre l'Aber-Wrac'h et la baie du Koréjou, autour de l'île Vierge et du plateau du Lizen. Après une nouvelle restauration, le sloup se rend en 2005 à la Fête des phares, notamment celui de l'île Wrac'h, où les « vieux Le Got » cabanent au pied de la tour et régatent sous l'île Vierge avec les sloups de Saint-Pabu. «Je tairai volontairement la régate du pardon du 15 août et sa modeste troisième place, car les performances du bateau sous voiles sont malheureusement médiocres: les voiles de 44 ans en coton sont totalement déformées, la grand voile a son creux complètement sur l'arrière, le foc est en fait une trinquette de gros temps, sans parler du déséquilibre des formes dû au poids du moteur et du frein que constitue l'hélice tripale. Ce type de construction sans quille est inapte à remonter au vent et dépale considérablement.» Un nouveau jeu de voiles devrait prochainement améliorer les performances d'*Ar Vor*.

An Tri Vreur (les trois frères), goémonier de 7 mètres, n'a jamais pratiqué cette activité car il fut construit, en 1950, pour un ligneur de Portsall. Succédant à plusieurs propriétaires, Marc Sellier l'acquiert en 2000 dans le but de perpétuer le patrimoine maritime régional. Le 24 février 2001, il est remis à l'eau après un an de rénovation. Il participe depuis aux fêtes dédiées au goémon à Plouguerneau et Plounéour-Trez, aux fêtes des Lumières en baie de Brignogan, et se balade entre Carantec et l'Aber-Benoît pour faire découvrir à son équipage familial les joies du cabotage sur un bateau creux, les mouillages sauvages en cabanant chaque soir. En 2004, *An Tri Vreur* a changé de garde-robe et participé aux festivités des Abers, aux fêtes de Brest et Douarnenez, au festival Kann al Loar de Landerneau…

Le Corsaire à Pierre Le Ven et le *Labous Mor* complètent la flotte de goémoniers des Marteloded Plouguerne. *Labous Mor* a servi à la récolte du *pioca* et du *tali* et à la pêche au filet et aux casiers, lorsqu'il s'appelait la *Volta*. Construit en 1976 au chantier Le Got, il a été regréé et remotorisé par le club nautique de Plouguerneau qui l'utilise l'été dans le cadre de ses activités pédagogiques.

An Tri Vreur, lancé en 1950, appartient depuis 2000 à Marc Sellier et à son père Yves. Il vient d'être doté d'un nouveau plan de voilure, plus allongé qui modifie sa silhouette.

Le Corsaire, construit en 1956 pour la petite pêche côtière, allait parfois chercher du goémon avec Pierre Le Ven et ses petits-enfants, qui l'a récemment revendu.

L'écomusée de Plouguerneau : sauvegarde du patrimoine goémonier

Les fondateurs de l'écomusée de Plouguerneau figurent parmi les pionniers de la sauvegarde du patrimoine des communautés de pêcheurs du pays Pagan et des abers. L'association d'éducation populaire Karreg Hir anime en effet depuis vingt ans l'écomusée, consacré à l'histoire des goémoniers et à la découverte des algues, et met en valeur différents sites culturels. L'accueil de classes de patrimoine, les circuits et visites commentés pour les groupes (notamment au village de chaumières de Menez Ham), les stages (« connaître et cuisiner les algues », « construire en pierres sèches »...), les conférences, la rédaction des cahiers de recherche *Pagan*... se font autant que possible en associant les populations locales. L'association fait visiter le phare de l'île Vierge et reconstitue le travail du goémon dans les fêtes locales, dont la Fête des goémoniers, qui existe depuis 1983, à Plouguerneau. Elle participe aussi au spectacle son et lumière, *Pêcheurs de goémon*, donné l'été à Kerlouan par la troupe Ar Vro Bagan.
Outre *Karreg Hir*, elle est propriétaire d'un goémonier moderne, le *Bugel an Enez* (enfant des îles), qui lui a été offert. Il est ainsi possible de comparer les techniques anciennes et modernes de récolte du goémon : « On s'intéresse aussi à l'évolution du métier, on n'est pas seulement tourné sur le passé », souligne Yannig Bigouin, l'un des deux salariés de l'association, avec Stéphanie Lalet-Soricheur, qui vit sa passion du patrimoine avec enthousiasme. Le festival Arvoriz propose désormais à Plouguerneau une rencontre entre différentes communautés littorales : les paludiers de Guérande étaient les premiers invités en 2005 autour de projections de films, de conférences, de danses, de dégustations et d'expositions ; en octobre 2006, place aux sardiniers de Douarnenez.

Images d'hier et d'aujourd'hui : Reconstitutions de scènes du métier de goémonier. Ci-dessus : un four à goémon rappelle le brûlage des algues.

BR732791

La flottille des sloups de Saint-Pabu

Des navigations expertes et familiales

Les propriétaires des sloups de Saint-Pabu pourraient en remontrer en matière de savoir-vivre et de navigation familiale ! Les petits sloups – souvent appelés cotres ici, comme dans la baie de Morlaix –, que l'on trouve dans l'Aber-Benoît, l'un des plus beaux sites du bas-Léon, s'inspirent des bateaux qui travaillaient autrefois le goémon l'été et pratiquaient la pêche ou le casier l'hiver. Pays de goémoniers et d'agriculteurs, les rives boisées de l'Aber-Benoît accueillirent très tôt les Brestois aisés, venus goûter en saison aux joies

Pierre et Emmanuel Bégoc bordent un sloup construit quille en l'air dans le chantier familial installé depuis quatre générations à Saint-Pabu.

En bas, l'*Erik*, l'un des tout premiers sloups construits pour la plaisance à l'Aber-Wrac'h, pour les frères Le Tac.

du bord de mer et de la pêche. C'est ainsi que le chantier Perhirin de l'Aber-Wrac'h, constructeur des sloups des pêcheurs locaux (fileyeurs, caseyeurs ou ligneurs), fut saisi de commandes de bateaux de plaisance ; en affinant les formes des bateaux de travail, il lance en 1926 l'*Erik*, un canot de 5,50 mètres, pour les frères Le Tac, qui ont marqué les esprits, car ils naviguaient bien au-delà la zone habituelle des petits sloups, des îles anglo-normandes jusqu'au golfe du Morbihan. « Ils n'avaient jamais de cartes et naviguaient à l'oreille, avec une chance incroyable ! » se souvient-on dans le pays.

Logoff se livre à une impressionnante démonstration de « rase-cailloux ». Le barreur a l'écoute de grand voile dans la main pour abattre au dernier moment…

Le *Fook Yuen* (source de bonheur, en chinois), un sloup caseyeur de 5,80 mètres construit à Saint-Pabu en 1933, a été utilisé à la plaisance par Robert La Folie, un mordu de pêche qui sortait par tous les temps relever ses casiers : « Il aurait fallu un ouragan pour l'en empêcher », se souvient son fils Philippe. Du fameux *Fook Yuen*, seuls les idéogrammes subsistent car son fils a dû se résoudre, la mort dans l'âme, à le brûler il y a une dizaine d'années, ne supportant plus de le voir se dégrader dans l'attente d'une reprise par le musée auquel il en avait fait don.

Ces idéogrammes ont été transférés sur le *Bengali*, le deuxième bateau de Robert, construit à Carantec par le chantier Eliès en 1958, et qui, lui, navigue toujours. « C'est un canot de 4,80 mètres, qui cale 1,10 mètre, et qui est très marin. Personnellement, j'ai horreur des régates et de la compétition, mais prendre un corps-mort à la voile de manière acrobatique ou culer à la voile, ça j'aime », explique Philippe La Folie, ancien médecin de la Marine, comme son père.

Robert La Folie a formé une grande partie des marins du cru et Jacques Caillart a voulu lui rendre hommage en créant, il y a dix ans, le challenge qui porte son nom. Jacques Caillart est l'un des plus fins manœuvriers des abers, où il navigue sur *Musembo*, qu'il a fait construire en 1954 au chantier de l'Aber-Wrac'h. Mises en valeur par cet extraordinaire sens marin, la coque noire et les voiles rouges de *Musembo*, dont le nom évoque le souvenir des pêcheurs africains de Douala, ne passent pas inaperçues dans les régates locales.

Musembo, au premier plan, né en 1954, et *Logoff*, lancé en 1990, en régate.

Après la fermeture du chantier Perhirin dans les années 1960, c'est le chantier Le Got de Plouguerneau qui va construire ces sloups de plaisance, en s'inspirant des goémoniers de la région : *Bienvenu*, *Albatros*, *Laïta*... y seront lancés. Le chantier Bégoc de l'Aber-Benoît, installé depuis quatre générations à Saint-Pabu, va poursuivre la tradition et construit toujours de jolis petits cotres, à raison d'un tous les trois ou quatre ans, car les commandes de bateau de travail sont prioritaires. Manu a lancé *Kerhor*, *Baladin*, *Luronne*, *Logoff*, *Marc'harid*, *Lagaff*...ou encore ce beau sloup basé à Kersaint-Portsall, mis en chantier pour le compte de l'amiral Merrer, alors préfet maritime à Brest. Dans le hangar voisin, son frère François s'occupe de la maintenance de toute cette flottille.

Ces bateaux, très manœuvrants, louvoient dans les passes étroites de l'aber, soumises à des courants qui atteignent 5 à 6 nœuds par grands coefficients. « Il faut jouer avec les contre-courants, c'est ce qui fait la jouissance de la navigation dans ces parages, où l'on tire des bords de rien du tout, très près de la terre ! » Aujourd'hui, les nombreux parcs à huîtres des ostréiculteurs – les fameuses Prat ar Coum sont élevées ici – et les lignes de mouillage des plaisanciers renforcent encore le plaisir de ces amoureux du rase-cailloux, qui démériteraient s'ils ne prenaient pas leur corps-mort à la voile !

La cuisine des pêcheurs

Le cabillaud des Johnnies

Pour 4 personnes : 800 g de pommes de terre, 200 g d'oignons rosés de Roscoff, 100 g d'oignons communs, 500 g de fumet de poisson ou de bouillon de volaille, 3 branches de thym, 600 g de filet de cabillaud, sel, poivre.

Emincer les oignons rosés, les faire suer avec du beurre. Emincer et disposer les pommes de terre sur les oignons, mouiller avec le fumet de poisson (ou le bouillon de volaille). Recouvrir d'une feuille de papier cuisson ou d'aluminium beurré, et cuire au four environ 20 mn thermostat 7 (180 °C). Découper les filets de cabillaud, les disposer sur les pommes de terre boulangère. Remettre le plat au four une dizaine de minutes.

Disposer les pommes de terre et le poisson dans les assiettes avec leur jus de cuisson. Caraméliser les 100 g d'oignons restant et en recouvrir les filets de cabillaud. Parsemer de thym haché.

Recette originale de Claude Talabardon à Roscoff.

Le *Kerhor* à Franck et Joël Bellion a été reconstruit à l'identique sur le modèle du bateau de leur grand-père, au chantier Bégoc.

La *Luronne*, charpente en chêne, bordé en niangon, intérieur en acajou, est aussi jolie qu'excellente marcheuse.

Parmi les occasions de rencontres qui émaillent la saison (tour de l'île Vierge, remontée de l'Aber, régate des grands-mères, bénédiction de la mer au 15 Août…), le challenge Robert La Folie réunit au mois d'août la trentaine de sloups de l'Aber-Benoît pour une grande journée de régate et de retrouvailles familiales. Ce rallye regroupe différentes épreuves, à l'esprit pas seulement nautique. Si tout commence sur la plage avec un départ arrêté, « où tout le monde triche tant qu'il peut », la première édition a vu l'élection de Miss Guenioc (du nom de l'île la plus éloignée de l'estuaire) : ce concours d'élégance marine consiste à débarquer la gente féminine sur l'île en lui laissant le soin de se déguiser avec les ressources naturelles ! Les équipages doivent aussi fabriquer un objet à partir d'un galet, d'un morceau de bois… mis aux enchères à la fin de la journée ; le produit de la vente est versé à la SNSM. Ramener un bouquet de fleurs, dix crevettes, un quatrain, disputer des joutes nautiques sur le dos des annexes… constituent quelques-unes des distractions de ce challenge, dont l'humour n'est pas la moindre des qualités.

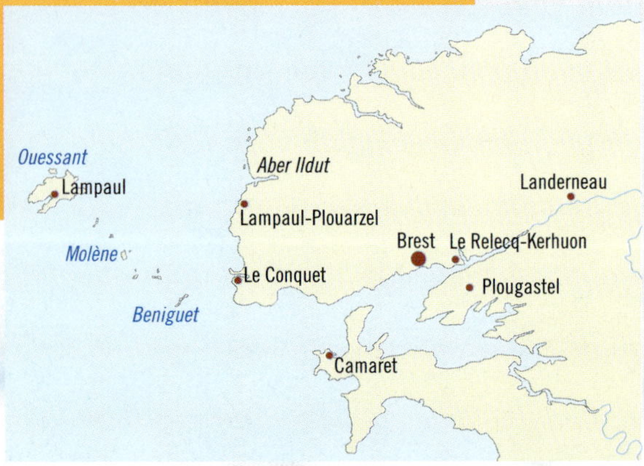

Qui aurait pu imaginer il y a trente ans qu'un tel bateau naviguerait à nouveau un jour ? Quelle volonté, quelle ambition, quel enthousiasme a-t-il fallu mobiliser pour mener à bien un tel projet ? En nous prouvant chaque jour que les rêves les plus fous peuvent devenir réalité, *La Recouvrance* est plus qu'une goélette aviso : elle est un magnifique symbole d'espérance et de persévérance.

De l'aber Ildut à Brest et sa rade

La *Jeune Adèle*, à Gabriel Guichoux, un patron de Lanildut, vient de sortir des chantiers paimpolais en cette année 1898. Echouée sur la grève du port de Lampaul, elle porte le gréement des sloups de bornage.

La plupart des hommes d'Ouessant (les « Maout »), de Molène ou Béniguet partaient naviguer au long cours ou pour la Marine nationale. Sur Ouessant comme à Molène, des marins assuraient une veille pour fournir des pilotes capables de guider les navires qui gagnaient Brest ; rendant hommage à cette tradition de pilotage, le port de Lampaul accueille aujourd'hui *Leier Eusa*... Les grands caseyeurs de cette partie de l'Iroise furent surtout les Molénois, les Conquetois et, sur le tard, les gars de Porspaul. De l'Aber-Ildut au Conquet, des goémoniers déchargeaient sur les grèves, à proximité des fours à soude, ou directement à l'usine d'iode du Conquet. Sur toute la côte, et notamment à Lampaul-Plouarzel, de solides gabares effectuaient le transport de sable, de pierres, de soude, vers le port de Brest. Ce furent les derniers bateaux à travailler à la voile jusqu'à la fin des années 1970, et certains naviguent encore à la plaisance. Les petits pêcheurs de la rade ravitaillaient la ville en poisson frais ; mais les conditions de navigation en Iroise sont si difficiles qu'ils ne s'éloignaient au large que par beau temps. La pêche au chalut ou aux filets de fond ou dérivants n'était guère possible. La senne de plage, la ligne et surtout les casiers étaient les seuls métiers pratiqués à grande échelle. Au XIXe siècle, les pêcheurs de la rade utilisaient surtout des chaloupes d'environ 9,50 mètres ; elles servaient au bornage, à la récolte des amendements marins ou au dragage des coquillages, dont la coquille Saint-Jacques, une activité qui se développa à partir de 1898, et qui fit naître des sloups coquilliers dans les années 1920 (évoqués dans le prochain tome). Au départ du Conquet, les caseyeurs partaient poser leurs casiers sur les champs de cailloux qui longent la côte.

A Kerhuon, au nord-est de la rade de Brest, une petite communauté de pêcheurs, connue depuis le XVIIe siècle, les Kerhors, vivait sur leurs chaloupes...

Cette activité maritime était étroitement liée au grand port du Ponant. Abri naturel, puis place forte jusqu'à la fin du Moyen-Age, Brest entra dans l'histoire à partir de 1631, quand Richelieu décida d'y créer un arsenal. Les deux rives de la Penfeld déploient dès lors une activité impressionnante, attachée à la construction et à l'armement des vaisseaux du roi (magasins au goudron, au brai, aux vivres, corderies, manufacture de toiles à voile, forges, ateliers de traçage de plans, de gabarits, de serrurerie, réserves de bois, hangars de construction)... et, pour les hommes, à la Cayenne (caserne des matelots)... ou au bagne, qui ne ferma qu'en 1858.

Le souvenir de la marine de guerre à voile de Brest revit grâce à la reconstruction de la *Recouvrance*, une goélette aviso du XVIIIe siècle, et à la renaissance des yoles 1796, qui illustrent un épisode de l'échec de la flotte du Directoire , partie cette année-là secourir les *Insurgents* irlandais.

Brest a payé très cher sa qualité de port militaire et d'arsenal : elle fut ravagée en 1944. Remis de ses blessures, le premier port militaire de l'Atlantique se double d'un port de commerce spécialisé dans les trafics frigorifique et agro-industriel, qui a développé la réparation navale civile autour de trois formes de radoub et de cinq quais de réparation à flot. C'est aussi un grand pôle de plaisance – le Moulin-Blanc propose 1 325 places à l'année et 100 places aux visiteurs –, qui s'est lancé dans la construction de bateaux de grande compétition océanique en matériaux composites.

Une reconstitution pour l'île d'Ouessant

Leier Eusa, sur des plans du XVIIIe siècle

Lancé pour les fêtes de Brest 1992, le sloup à corne ponté de l'île d'Ouessant, *Leier Eusa* (pilote d'Ouessant) est un bateau de 8,20 mètres, large de 2,84 mètres, qui déplace 7,2 tonnes, et peut porter 51 m² de voile. C'est l'association Idiles qui eut l'idée de reconstruire ce bateau en 1989. S'ensuivirent des recherches quasi archéologiques, et les initiateurs du projet finirent par découvrir des plans du XVIIIe siècle dans les *Souvenirs de marine* de l'amiral Pâris. Ce sloup était une de ces minuscules gabares de bornage pontées construites pour desservir l'île ; il pratiquait également le pilotage, une activité très importante au début du XIXe siècle, où quatre pilotes étaient en fonction ; la station a existé jusqu'en 1928.

François Vivier, architecte naval, et François Renault ont fourni le plan de forme et le tableau d'échantillonnage. La coque a été achevée au chantier Plasti-Bois du Conquet en 1991 ; le gréement a été réalisé par Paul Colin, propriétaire du dernier sloup d'Ouessant, *La Jument*, qui ne navigue plus aujourd'hui. « *Leier Eusa* a été un projet passionnant, car il est rarissime de travailler à la reconstitution d'un bateau du XVIIIe siècle, tant les éléments ethnographiques manquent quand on remonte au-delà de la fin du XIXe siècle », explique François Vivier.

Leier Eusa lors des régates du Fret dans la rade de Brest en 1993. La petite gabare de bornage navigue toujours dans les parages de l'île d'Ouessant.

Leier Eusa est basé au port de Lampaul. « L'association a été un peu sous cocon, comme on dit dans la Marine nationale, pendant deux ou trois ans. Le président, et patron du bateau, Yann Segur, a souhaité se retirer et une nouvelle équipe a pris le relais fin 2005. Des jeunes nous ont aidés récemment à mettre le bateau à quai, à remonter l'accastillage ; on sent qu'ils veulent sauver ce patrimoine », se félicite le nouveau président, Jacques Perthuis, un "chinchard" (autre surnom des non natifs d'Ouessant) qui, bien qu'originaire de Concarneau et petit-fils de Cap-Hornier, est depuis quarante ans à Ouessant !

Le bateau peut embarquer cinq personnes et ne sort que par temps clair : dans ces parages, mieux vaut être prudent. *Leier Eusa* s'est d'ailleurs déjà fait dépaler sur les roches par une tempête de suroît. Réparé à Molène, il navigue toujours avec son gréement initial, sous forme associative, pour des sorties dans la baie et jusqu'au phare de la Jument si le temps le permet.

La construction s'est déroulée au chantier Plasti-Bois du Conquet, l'île d'Ouessant ne possédant pas de charpentier.

Alors que tous les types de bateaux de pêche de l'île étaient creux, *Leier Eusa* est un bateau ponté, plus sécurisant pour naviguer dans les eaux dures de l'île et y pratiquer transport et pilotage.

Que sont les gabares de l'Iroise devenues ?

Triste sort pour le Mad Atao... plus heureux pour d'autres

Lampaul-Plouarzel, le pays des gabares... n'en a (presque) plus ! Le souvenir de ces lourds bateaux de travail, chargés à refus, louvoyant dans une zone parmi les plus difficiles d'Europe, est toujours très présent dans les mémoires, car ils ont été les derniers à travailler à la voile, jusqu'à la fin des années 1970 pour certains. En 1965, Lampaul comptait encore six gabares en activité. Ces bateaux de charge transportaient du sable et des pierres de construction depuis les carrières locales vers la rade de Brest, le granit rose de l'aber et de l'île Melon servant aux travaux portuaires et urbains de Brest ; à l'entrée de Lampaul, on trouvait du sable d'excellente qualité. Développé au milieu du XIXe siècle, le transport de la soude et des cendres (résultant du brûlage des algues) était aussi très actif sur toute la côte.

Vers 1850, une voûte apparaît sur les gabares en remplacement des culs carrés, ainsi que le gréement de sloup, avec flèche, trinquette et haubanage fixe. Si, avant 1912, de nombreuses gabares ont été construites dans les chantiers paimpolais, après cette date, elles seront majoritairement lancées à Camaret, et gréées en sloups à tapecul à la fin de l'entre-deux-guerres, s'adonnant pour certaines au transport des vins d'Algérie de 1946 à 1952.

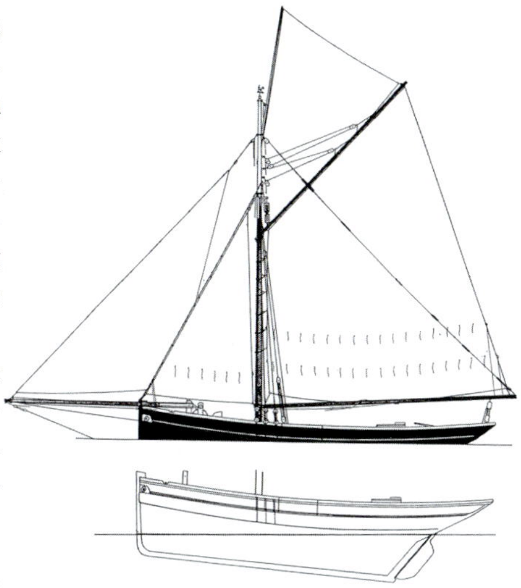

Plan de l'*Hirondelle*, une gabare de Lampaul-Plouarzel construite en 1902 à Camaret. Notez la hauteur du flèche et la position reculée du mât à pible ; sûrement moins faciles à manœuvrer que les gabares de construction paimpolaise, celles de Camaret étaient plus élégantes...

Fleur de Lampaul au temps de ses voyages exotiques. Coque repeinte en blanc, la belle gabare de Camaret navigue aujourd'hui pour la fondation de Nicolas Hulot...

Mad Atao (toujours bon), construit en 1938 au chantier Keraudren de Camaret, pour Emile Eliès, était gréé en dundée. Ce bateau connut une vie intense de caboteur, exportant notamment des oignons vers Penzance (Cornouailles), et se livrant à l'extraction de sable, avant de continuer sa carrière au départ de Paimpol. En 1999, les associations Lambaol et Gabares de l'Iroise avaient fondé sur lui les plus grands espoirs. Elles avaient permis son retour au pays, où il devait être le fleuron d'un ambitieux projet muséographique, qui n'a malheureusement jamais vu le jour. *Mad Atao*, premier bateau de travail à avoir été classé monument historique, risque aujourd'hui à tout moment d'être relégué de son terre-plein de Pors-Scaff vers un cimetière à bateau.

Triste sort aussi pour l'*Aviateur-Mermoz* de 1937, dernière gabare en bois à avoir fait le sable au pied du phare du Petit-Minou ; rachetée par une association du Havre pour un projet de restauration à caractère social qui n'a pu être mené à bien, cette superbe gabare pourrait encore être sauvée, mais au prix de grands travaux.

L'*André-Yvette*, *Fleur de Mai* et *Dieu Protège* ont connu des destins très divers… Le dessin d'Henry Kérisit représente la *Reine des Anges*, une gabare construite en 1927 à Camaret, bateau plus large et plus stable que ceux du début du siècle.

Fée de l'Aulne, ici lors de son ultime rotation de caboteur de charge entre Brest, Molène et Ouessant, en 2000, pour le compte de la Penn ar Bed. Elle a depuis entamé une nouvelle vie au service de la science et de l'environnement, et devrait prochainement retrouver des voiles.

Fleur de Lampaul, lancée en 1948 au chantier Keraudren de Camaret, pour Yves Le Guen, a travaillé à la voile jusqu'à la retraite de son patron en 1975. Elle a poursuivi sa carrière au moteur avec François Bescond, comme sablier, dans l'Aber-Benoît. En 1985, Charles Hervé-Gruyer l'a restaurée et regréée et lui a fait vivre de belles aventures jusqu'aux Açores, aux Canaries et au-delà. Rachetée par la Fondation Nicolas Hulot, elle va désormais se consacrer à des missions scientifiques et humanitaires.

Dieu Protège, conservée au musée du Bateau de Douarnenez, fut la dernière gabare traditionnelle lancée avec grand voile, dundée à gui raccourci et trinquette, sans foc ; plus forte, très large à l'arrière et plus tonturée, elle marque une rupture avec les précédentes. Sa coque annonce celle des derniers sabliers en bois à tableau, comme *Fée de l'Aulne* – aujourd'hui basée à Binic, qui travailla jusqu'en 2000 comme caboteur entre Brest, Molène et Ouessant –, et *Goyen*, en mauvais état, mais qui va bientôt entrer en restauration au chantier Conrath de Paimpol. L'*André-Yvette*, construite à Camaret en 1936, qui faisait le sable et le courrier avec Molène, est également sauvée grâce à son rachat par l'association des Pupilles de l'enseignement public du Morbihan. C'est aussi le cas de *Fleur de mai*, rachetée en 1986 par Joël Guena, un enfant des abers, qui navigue aujourd'hui dans les eaux malouines. Ainsi voguent les dernières gabares de l'Iroise, pour de nouvelles aventures à la plaisance…

LE SLOUP DE LANDERNEAU, *DALH MAD*

Dalh Mad (tiens bon) a été construit en 1992 sur les plans d'un petit sloup de bornage, lancé en 1945 par le chantier Jacq de L'Hôpital-Camfrout, la *Sainte-Anne*, qui remontait l'Elorn pour livrer sable et maërl au port de Landerneau, tout au fond de la rade de Brest. Il fallait rappeller que Landerneau fut un port important pour le bornage, mais aussi pour le cabotage et même de la course. Les élus doivent être remerciés pour la sagacité et la persistance de leurs actions en faveur de l'histoire et du patrimoine maritimes, ainsi que de la langue bretonne. Ce beau bateau de 17 mètres hors tout, large de 4,65 mètres au maître-bau, calant 1,62 mètre, peut gréer 160 m² de voile (grand voile, trinquette, foc ballon et flèche) ; s'il appartient à l'association Dalh Mad, il navigue d'avril à octobre avec Gouelia en NUC, emmenant dix-huit personnes à la journée et six en croisière pour découvrir la côte et les îles de Molène, Ouessant et Sein, par exemple.

Dalh Mad, magnifique réalisation pour la cité fluvio-maritime de Landerneau, est la réplique de la *Sainte-Anne*, l'une des dernières et plus petites gabares de la rade de Brest. Construite en public sur les quais de l'Elorn, son lancement attira la foule 18 avril 1992. *Dalh Mad, qui* navigue aujourd'hui dans le cadre de l'association Gouelia, relâche plus souvent à Concarneau et à Beg-Meil qu'à Landerneau. Elle peut gréer 130 m² de voilure.

BALH'MAD

La jolie flottille des Tri Martolod

Petites restaurations entre amis

Toutouic est un petit mais fort canot, assez haut de franc-bord, qui n'a jamais été motorisé. Cela ne dérange pas son jeune patron qui l'a restauré et le manœuvre facilement à la godille.

Une bande de copains – dont le noyau dur s'est connu chez les scouts marins – fait naviguer une flottille de trois bateaux, sauvés d'une mort certaine par leurs soins. Créée en 1991 par trois marins, Christophe Lhuillier, Emmanuel Lagadou et Dominique Pommeret, l'association Tri Martolod œuvre pour la sauvegarde et la restauration des voiliers traditionnels, non sans quelque originalité : « On va rarement chez le marchand de bois, c'est trop cher pour nos petits moyens. On a le goût de la bricole, on n'est pas trop maladroits et on apprend. Pour *La Mouette*, on est allé dans les bois, avec quelqu'un qui travaille dans un domaine forestier ; il nous a aidés à choisir les arbres qui sont devenus des membrures. Maintenant, on fabrique nos mâts nous-mêmes. » Un jour, sur le chantier de *La Mouette*, Marcel Le Goff, un ancien voilier, s'arrête et leur lance : « J'avais le même bateau. Si vous voulez, je vous fais des voiles ! » Non content de leur confectionner de très belles voiles cousues main, il leur enseigne le métier : « Maintenant, on fait aussi nos voiles ! »

Les trois néophytes de naguère sont donc devenus, au fil du temps et des expériences, plus que de sérieux amateurs, grâce à leur insatiable curiosité ; les restaurations s'enchaînent patiemment, autour de coups de main, conseils et savoir-faire partagés. Sur l'eau, les mêmes valeurs dominent : « On navigue à l'ancienne, sonde à la main, sans GPS, seulement une VHF quand on est en flottille. C'est un coin où il y a beaucoup de cailloux, de courants, c'est le meilleur endroit pour apprendre à naviguer. Mais il y en a qui nous font peur quand même. Une fois, dans une brume à couper au couteau, des plaisanciers nous ont demandé : "C'est bien par là Le Conquet ? On a répondu : "Oui, mais attention, ce n'est pas tout droit !" On participe à des tas de fêtes, mais on préfère les petites, parce que la brume Diesel ce n'est pas trop notre genre. » Les célibataires d'hier se sont trouvé des compagnes motivées, leurs familles se sont agrandies en même temps que la flottille : le plus jeune des enfants avait six mois quand son cosy a été solidement amarré sur le pont pour son premier baptême de mer ! Il n'est jamais trop tôt pour former la relève...

La *Mouette*, après *Le Goéland*, deux oiseaux aussi marins que les bateaux auxquels ils ont donné leur nom... on ne doute pas que la flottille de Tri Martolod s'enrichira de nouveaux noms d'oiseaux !

Le Goéland a été le premier coup de cœur des Tri Martolod. Armé pour la pêche aux lignes par deux propriétaires successifs jusqu'en 1967, il est ensuite fortement modifié pour la plaisance. Une carrière mouvementée pour *Le Goéland* qui a retrouvé d'heureuses navigations, comme ici devant les Pierres-Noires…

Le Goéland, canot à misaine de 1947. C'est avec lui que tout a commencé en 1991, grâce au coup de cœur de Manu, Christophe et Dominique pour ce bateau de Kérity-Penmarc'h, long de 6,30 mètres, construit au chantier Le Gall de Pont-l'Abbé pour la pêche aux lignes, qui a ensuite été fortement modifié pour la plaisance. L'ayant retrouvé dans l'étang de Saint-Adrien à Plougastel, ils consacrent leurs week-ends à sa restauration en 1991-1992. « On l'a remis en canot à misaine. On a enlevé le moteur, rebouché la cage de l'hélice, on a un hors-bord démontable. » En 1997, *Le Goéland*, invité par le fils de son premier propriétaire, a assisté au centenaire du phare de Penmarc'h, et fêté son propre cinquantenaire.

La Mouette, caseyeur-coquillier de l'Iroise. L'histoire se poursuit avec ce canot de 8,10 mètres, construit en 1939 au chantier Gourmelon de Carantec ; après-guerre, *La Mouette* est basée à Saint-Pabu, où elle pratique la pêche à la coquille l'hiver et les casiers le reste du temps. Rachetée et armée à la plaisance, elle arrive au Conquet où elle sera délaissée dans le port. Restaurée en 1995-1996 dans un lavoir prêté par la mairie, une trentaine de membrures sont changées, les hauts remplacés, de nouveaux espars, bancs de mâts et pont apportés… Les cinq quirataires qui ont mis des sous dans le bateau prennent leurs décisions en commun, et *La Mouette* ne sort en mer que si l'un d'eux est présent : « Ça marche bien puisqu'on est copains ! » La silhouette de ce sloup est d'une étonnante authenticité.

Toutouic, canot à misaine de 4,40 mètres. Construit au chantier Miriel du Conquet, sans doute sur les plans d'une annexe de langoustier, *Steredenn* (Etoile), de son ancien nom, a servi à des amateurs de pêche au requin et n'a jamais été motorisé. En 1996, le surveillant du port du Conquet, chargé de se débarrasser de cette épave, fait appel à Tri Martolod. Faute de temps, le bateau est déposé dans le champ d'un particulier. Sa restauration débute en 1998 dans un jardin familial : Vincent Castel, marqué par le travail fait sur *La Mouette* – il était alors collégien –, l'entreprend avec les conseils et l'aide des parrains de Tri Martolod. Une partie de la charpente axiale, la moitié des membrures, les trois quarts des bordés sont changés. La voile est une misaine de canot de la marine, cachoutée à l'ancienne. En 1999, *Toutouic* est mis à l'eau et navigue depuis aux abords du Conquet avec son patron de vingt-quatre ans…

Fleur des Abers, goémonier du pays de Plouguerneau, construit en 1946, est en cours de restauration. « Je ne pensais pas qu'il y aurait autant de travail quand je l'ai acheté », confie Emmanuel, qui ne baisse pas pour autant les bras !

Deux bateaux sont en cours de restauration à l'initiative de membres de Tri Martolod. C'est le cas de *Fleur des Abers (ex-Notre-Dame de Lilia)*, un goémonier de 6,30 mètres, lancé au chantier Le Got de Plouguerneau en 1946. A partir des années 1970, il est armé à la plaisance par différents propriétaires et c'est ainsi qu'il arrive au Conquet. Acquis en juillet 2003, deux quirataires, Olivier Moreau et son père Claude, le restaurent. Il en va de même depuis 2003 pour *Dom Michel*, un très beau voilier de 5,04 mètres, grâce à Laurent Bignon, petit-fils d'un capitaine au long cours, et Pascal Quemeneur, fils de marin pêcheur. Ce plan Dervin des années 1950 ressemble beaucoup au premier bateau du navigateur Jacques-Yves Le Toumelin, le *Tonnerre*... Les membrures, l'étrave, l'étambot, le tableau arrière ont été refaits dans un hangar construit dans le jardin de Laurent. « Les fonds étaient d'origine, j'en ai retiré trois seaux de brai, mais ça l'a bien conservé. » Ses restaurateurs espèrent le mettre à l'eau en 2007...

La cuisine des pêcheurs

Lotte aux petits légumes

Recette de Soazic Colin d'Ouessant, qui aimait cuisiner le poisson que Paul ramenait de ses sorties sur son sloup la *Jument*.

Faire revenir de l'ail, des oignons, de l'échalote, des carottes. Ajouter la lotte légèrement farinée. Faire revenir le tout, ajouter du vin blanc, une noix de muscade, saler, poivrer. Laisser mijoter une demi-heure et ajouter un peu de crème fraîche en fin de cuisson.

Les répliques de bateaux kerhors

Les Trois Sœurs, Mari-Lizig, et la *Vieille Dame*

Depuuis bien longtemps, la communauté des pêcheurs Kerhor armait une soixantaine de petites chaloupes basées près de l'anse de Kerhuon, au nord-est de la rade et fournissaient du poisson frais aux Brestois. Ces embarcations d'environ 6 mètres, non pontées et pourvues de trois bancs de nage, étaient propulsées à l'aide de grands avirons, en utilisant les courants, les voiles (taillevent et misaine) n'étant hissées qu'au portant. Armées par quatre hommes, elles faisaient en général une marée d'une semaine dans la rade pour pêcher à la senne, tirée de la grève ou en pleine eau. Ils pratiquaient aussi les palangres, le chalut, la drague des praires.

Depuis le lancement de *Mari-Lizig*, les voiles en coton (cachoutées à deux reprises) ont été remplacées par des voiles en Dacron ; les formes du safran ont aussi évolué pour tenter d'améliorer la marche au près.

Mari-Lizig a aussi été dotée d'un petit moteur hors-bord ; la mise au point d'une chaise adaptable aux formes pointues de l'arrière fut laborieuse ; mais le moteur est facilement démontable dès que le vent apparaît pour ne pas nuire au caractère authentique de cette belle réplique.

A droite : *Les Trois Sœurs*, inspiré des bateaux kerhors. Qu'il soit gréé en flambart, avec misaine seule ou manœuvré à l'aviron, le bateau marche bien ! Son haut franc-bord et sa large surface de plancher en font un bateau sécurisant pour les enfants, et idéal pour les randonnées côtières grâce à son très faible tirant d'eau.

La zone de pêche s'étant élargie à l'archipel de Molène (et au Four) au XIXe siècle, certains se basèrent au Conquet, d'où les marins rejoignaient Kerhuon en train tous les quinze jours. Tous vivaient à bord, cabanant dans le port où ils débarquaient le poisson frais. Les Kerhors n'avaient pas très bonne réputation auprès des paysans, qui les soupçonnaient de chaparder ici ou là une poule ou quelques pommes de terre ! La dernière des chaloupes kerhors aurait été démolie sur la grève du Stéar, au bord de l'Elorn, en 1955.

Depuis, trois reconstitutions ont vu le jour. La première, *Les Trois Sœurs*, un bateau de randonnée inspiré des formes traditionnelles, mais différent par son gréement et sa voilure, a été construite en 1984 par Michel Stipon dans son chantier du Fret, pour Bernard Cadoret, fondateur du *Chasse-Marée*. En 1987, Jean Kernéis, membre du club d'histoire locale et ancien marin, crée l'association Les amis du bateau kerhor, dans le but de reconstruire une embarcation à l'identique. Il réalise plusieurs demi-coques, qu'il montre aux frères Hily de Poul-ar-Velin, anciens constructeurs de ce type de bateaux, grâce auxquels il va pouvoir ajuster ses formes. Au bout de cinq demi-coques, les plans dessinés sont jugés bons et remis à Joseph Canton, charpentier de marine de l'Aber-Wrac'h, qui se met à l'ouvrage dans un hangar ouvert au public à Kerhuon. Il va faire renaître un bateau de 6,20 mètres, large de 2,20 mètres, calant 0,60 mètre, appelé *Mari-Lizig*.

Mise à l'eau en avril 1988 devant 5 000 personnes, la chaloupe porte le nom d'une pêcheuse, décédée en 1963 à l'âge de 104 ans, qui travailla onze ans comme matelot sur le bateau de son mari… Un symbole de longévité qui sied très bien à *Mari-Lizig*: la chaloupe navigue dans la rade de Brest, participant à toutes les fêtes maritimes jusqu'à Lampaul-Plouarzel. Une dizaine de personnes assurent les sorties et amènent en mer des publics du Secours Populaire, de la Maison de l'enfance et du Centre nautique…

En 2001, le chantier du Guip, sollicité par la Société des régates de Brest, a construit la *Vieille Dame*, nouvelle reconstitution, modifiée dans certains détails, de ce type de bateau.

873·B

873·B

La goélette aviso La Recouvrance

Brest, port militaire, ne pouvait rêver mieux qu'un voilier de la Royale pour faire revivre son passé. De là à imaginer voir un jour naviguer *La Recouvrance*, il y avait un pas…

Le projet retenu pour le concours Bateaux des côtes de France portait sur une goélette aviso, rien de moins. La ville a soutenu cet ambitieux projet né en 1989 dans la tête de Roger Gougeon, Hervé Grall et Yannick Michel, bientôt rejoints par Guy Le Cornec, Claude Le Denn et André Miossec. Leur choix se porta assez vite sur un petit bâtiment de guerre rapide, très manœuvrant et d'une bonne tenue à la mer, qui, quand il n'était pas occupé aux transmissions entre vaisseaux, stationnait dans les lointaines colonies ; un navire pouvant être manœuvré par un équipage restreint… qu'il ne restait plus qu'à choisir parmi quelque trois cents goélettes armées depuis la fin du XVIIIe siècle !

C'est au Service historique de la marine que Jean Dréo a trouvé l'objet du désir après de minutieuses recherches : la *Fine,* appartenant à une série de cinq goélettes – construites d'après les dessins de l'ingénieur Hubert, établis en février 1817 à Rochefort –, dont la première fut l'*Iris,* « un aviso mâté en goélette portant six caronades de 24 ». Jean Dréo analyse les différentes données qui confèrent de bonnes qualités à cette série, et s'appuie sur les rapports élogieux des lieutenants de vaisseaux.

A deux ans et demi des fêtes de Brest 92, le temps presse. La direction générale de l'Armement refuse que la goélette soit construite à l'arsenal, et c'est le chantier du Guip qui prend l'affaire en main. Deux équipes de charpentiers vont se relayer un jour sur deux pendant dix heures, sept jours sur sept ! Grâce à ce travail acharné, la coque est achevée et mise à l'eau pendant les fêtes de Brest 92. La première sortie en mer a lieu le 20 mai 1993, avant que les emménagements ne soient réalisés dans le style de l'époque, en belle menuiserie massive.

Si *La Recouvrance* est un chef-d'œuvre d'architecture, la navigation à son bord laisse des souvenirs impérissables à ses passagers, comme en témoigne son livre d'or, qui regorge de compliments, notamment à l'égard de l'équipage, dont les compétences et la patience sont unanimement saluées. Nombre de matelots d'un jour disent avoir réalisé un rêve d'enfant à l'ombre des 430 m^2 de voilure que la goélette peut gréer : à raison de 200 jours de mer par an, ce rêve n'est plus complètement inaccessible… « J'ai les larmes aux yeux chaque fois que je le vois, tellement je le trouve beau », avoue Yann Mauffret, le charpentier du Guip qui a dirigé cette épique construction. Avec ses 41,20 mètres de long, sa largeur de 6,40 mètres, son tirant d'eau de 3,20 mètres, *La Recouvrance* est une magnifique réussite. La Ville de Brest, qui a investi 2,6 millions d'euros dans ce projet, ne pouvait rêver plus fière ambassadrice…

La Recouvrance a tiré ses premiers bords en avril 1993. Depuis, l'équipage a appris à manœuvrer de main de maître cette magnifique réplique de goélette aviso d'époque Restauration.

Aucun détail n'a été laissé au hasard dans la reconstitution : de la figure de proue, sculptée dans un esprit actuel par Eric Pelleau, d'après un dessin d'André Miossec, au très joli tableau arrière, de pur style 1830, qui porte les anciennes armes de la Ville de Brest.
Mais c'est bien sûr en mer et sous voiles que *La Recouvrance* impressionne le plus, que son beau plan de pont soit balayé par la mer ou qu'elle porte toute sa toile. Selon Yann Mauffret, qui en a dirigé la construction, elle devrait pouvoir tenir la mer un siècle…

Le chantier du Guip

Si la construction de La *Recouvrance* est le chantier le plus incroyable que le Guip ait eu à mener, ses charpentiers ont travaillé sur les restaurations les plus variées : de la refonte de la gabare *Notre-Dame de Rumengol* à la barque du Léman de 1904 *Neptune*, relancée en 2005, en passant par le coquillier de la rade de Brest *Bergère de Domrémy*, ou en attendant la refonte du *Biche*, dernier dundée thonier de Groix, le chantier ne manque pas d'activité. D'autant que les restaurations de yachts classiques, dont *Vanity V*, le 12 m JI de Fife, sont venues au fil du temps enrichir la palette de charpentier de Yann Mauffret.

Né à Nantes en 1958, le futur patron du Guip commence à naviguer tout jeune dans la presqu'île de Rhuys ; à seize ans, sur le premier Muscadet de la fratrie, il rêve aux aventures de Moitessier et aux routes du *Damien*. Et parce qu'il n'a pas d'argent pour acheter des bateaux, il décide de les construire ! Apprenti chez Craff à Bénodet, qui lui dispense une formation de grande qualité, il en sort avec un cap de charpentier de navires en bois. En octobre 1979, il rejoint le chantier du Guip à l'île aux Moines, créé peu auparavant par Francis Duwez : il participera ainsi à la première reconstruction de bateau traditionnel, le sinago *Lieutenant de vaisseau Nicolas Benoît*, lancé en 1981. Yann, bientôt associé à Alex Abarratégui, va racheter le chantier et se mettre à construire pour la pêche sur des plans dessinés par lui.

Aujourd'hui, le chantier du Guip emploie seize salariés sur les deux sites de Brest et de l'île aux Moines, dirigés par Yann Mauffret et Paul Bonnel, qui sont associés. « Le chantier est une école d'optimisme. Il faut voir la passion que manifestent les jeunes quand ils arrivent », constate Yann Mauffret, qui n'a qu'un désir (et encore beaucoup de rêves) : transmettre l'amour du bois qui lui a donné des joies intenses…

Yann Mauffret dans le « ventre » de *La Recouvrance*, « une formidable expérience et le plus beau des souvenirs », dit-il des années plus tard. Avec le soutien de son associé Paul Bonnel, les deux sites du chantier du Guip ne manquent pas d'ouvrage.

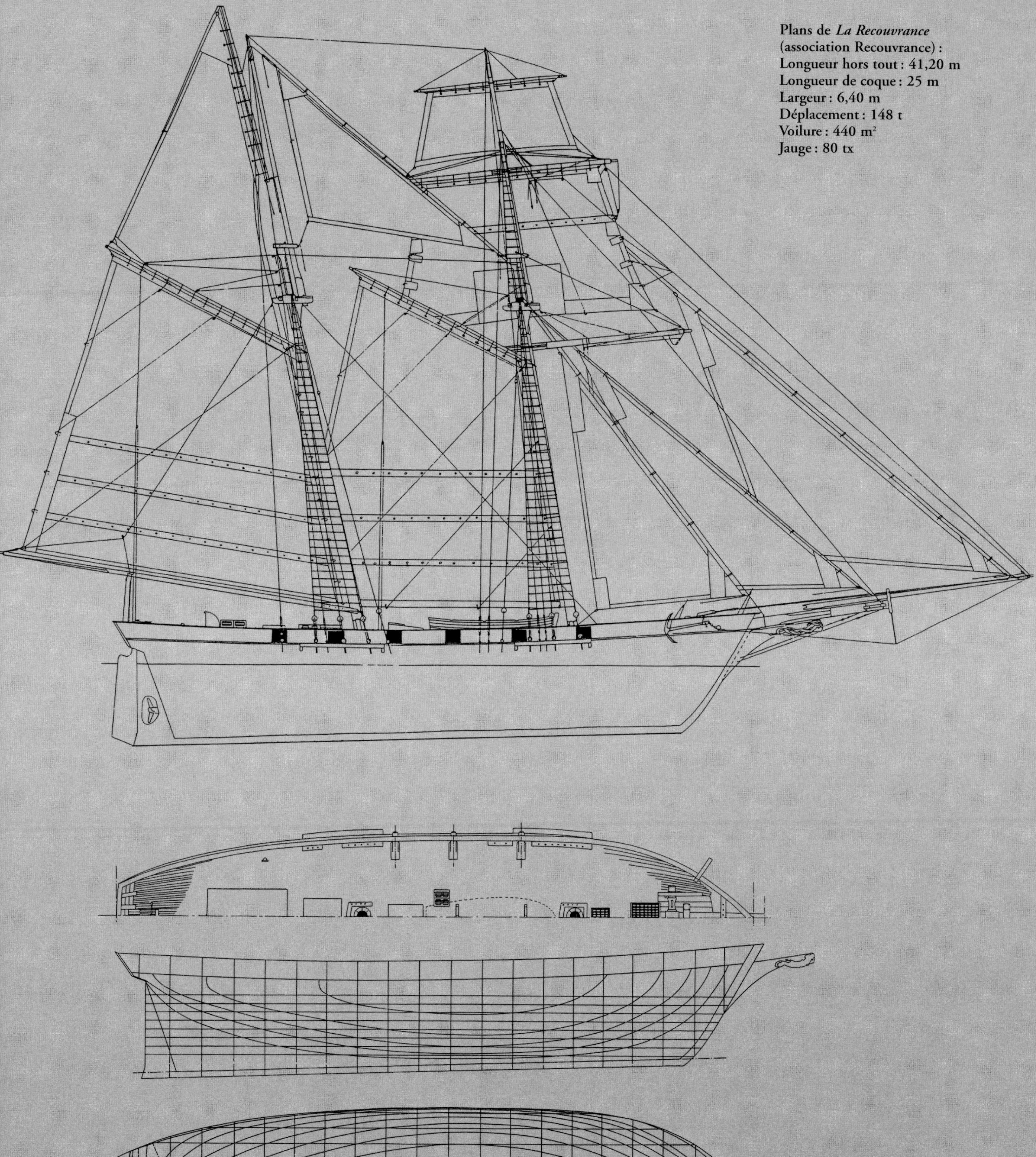

Plans de *La Recouvrance*
(association Recouvrance) :
Longueur hors tout : 41,20 m
Longueur de coque : 25 m
Largeur : 6,40 m
Déplacement : 148 t
Voilure : 440 m²
Jauge : 80 tx

Les yoles 1796

Liberté, Egalité, Fraternité...

En 1984, l'Américain Lance Lee, directeur de l'Apprenticeshop de Rockport, dans le Maine, qui forme des charpentiers de marine, propose à Bernard Cadoret de lancer une épreuve franco-américaine sur des canots voile-aviron pour célébrer le centenaire de la statue de la Liberté. L'équipe du *Chasse-Marée*, après moult recherches, redécouvre une splendide yole française de la fin du XVIIIe siècle conservée en Irlande, une embarcation voile-aviron de 11,64 mètres, gréée en chaloupe.

Cette yole est tout simplement le plus ancien bateau français encore existant... certes, dans un musée (le musée maritime national de Dublin), mais tout de même ! L'expédition de Bantry ne fut pas un épisode très glorieux pour la marine française de la Révolution et son ambition reste plus louable que son résultat. Partie de Brest en 1796 pour porter secours aux insurgés irlandais, en rébellion contre la domination anglaise, la flotte fut mise en déroute dans une tempête de nordet, à cause de l'incapacité des équipages, d'un matériel plus que médiocre et des ordres mal interprétés entre vaisseaux. Seule subsiste de cette expédition la yole de la frégate la *Résolue*, mise à l'eau pour chercher du secours auprès d'un autre vaisseau, qui se mit à la côte en tentant de le rallier ; elle a été pieusement conservée... par le commandant pro-anglais des milices garde-côtes !

L'édition 2000 de l'Atlantic Challenge s'est déroulée à Brest. A cette occasion, la yole *Le Traict* a été mise à l'eau depuis les bossoirs du *Belem*. Pressée d'en découdre, on l'aperçoit au premier plan luttant avec *Fraternité*.

Les Américains, ayant validé le choix du *Chasse-Marée*, *Liberté* et *Egalité* sont aussitôt mises en chantier à Rockport ; côté français, la trilogie est complétée par *Fraternité*, construite par Charles Fresneau. En 1986, les premières épreuves de l'Atlantic Challenge ont lieu à New York et les deuxièmes en 1988 se déroulent à Douarnenez. Depuis, les grandes yoles 1796, dites de Bantry, se retrouvent tous les deux ans, dans le pays vainqueur de l'épreuve, qui a pris une véritable importance internationale. Sont donc potentiellement candidats à ces organisations : le Danemark, l'Angleterre, l'Irlande, le Pays de Galles, le Canada, la Finlande, la Suède, les Etats-Unis, l'Italie, la Belgique, la Russie, l'Indonésie…

Mais aussi : *Tolérance, Audace, Volonté…*

En 1996, le *Chasse-Marée* souhaite lancer un nouveau concours à destination de la jeunesse, dans le but de transmettre l'esprit d'équipage et les savoir-faire marins, avec l'ambition de former une grande « école de la mer », qui soit aussi in outil de réinsertion et de mixité sociale. Ce sera le concours Défi Jeunes Marins. Pour apprendre la navigation à la voile, le sens de l'effort et de la solidarité à l'aviron, rien ne vaut une embarcation… voile-aviron. La yole 1796 va frapper une nouvelle fois !

En 2000, et dans les mois qui suivent, vingt-huit répliques de yoles 1796, et près de soixante yoles de Ness (leur petite sœur), voient le jour en France, de Dunkerque à Marseille, de Redon à Troyes, de Rennes à Dignes ! Les centaines de jeunes qui ont participé à leur construction, avant de naviguer à la cadence des « deux, deux » donnée par le patron, se retrouvent aujourd'hui lors de rassemblements spécifiques ou des fêtes maritimes. Certaines des yoles issues du Défi sont également inscrites aux épreuves internationales de l'Atlantic Challenge, dont l'édition 2006 s'est déroulée à Gênes…

La yole *Droit de Cité*, qui avait donné lieu à un travail social en profondeur à Saint-Brieuc, ne navigue malheureusement plus aujourd'hui.
Brest 2000 accueillit les premières rencontres de yoles du Défi Jeunes Marins, parrainé par Gérard d'Aboville. En incrustation : *Tolérance*, la yole de la Rance, puis *Spered ar Mor*, du pays Bigouden, et, en bas, *Mor Bihan*, du golfe du même nom.

Les fêtes maritimes de Brest

Après l'engouement suscité par les rassemblements de Pors Beac'h, puis de Douarnenez, le *Chasse-Marée* propose à la ville de Brest et à la Marine nationale de créer en 1992 de grandes fêtes maritimes, à la fois événement culturel spectaculaire et vraie fête populaire. Ce rendez-vous est l'occasion de voir enfin réunis sur l'eau les bateaux construits depuis le lancement du concours Bateaux des côtes de France, en 1989. Et ils seront nombreux au rendez-vous, comme en témoigne ce livre…

Brest offre l'opportunité de rassembler sur un plan d'eau à leur mesure les plus beaux voiliers du monde et les marins venus de toutes les mers. Plus de deux mille bateaux sont au rendez-vous du premier rassemblement ! Les goélettes de la Marine nationale, la *Belle Poule* et l'*Etoile*, escortent les trois-mâts *Belem, Esmeralda, Sörlandet*… qui ouvrent le sillage à tous les grands voiliers qui se sont succédé depuis dans la Penfeld, le *Sedov*, le *Christian Radich*, le *Marité*…

Sloups ostréicoles, petits goémoniers, chaloupes sardinières, fortes gabares, magistrales bisquines, macrotiers… tous mettent le cap sur cette internationale des voiliers de travail ; en 2004, les jangadas brésiliennes font souffler un air de samba sur le plan d'eau ; à terre, les expositions permettent de découvrir les bateaux des lacs africains, les oselvars norvégiens, les barques suisses… De magnifiques yachts britanniques croisent dans la baie, la famille des *Pen Duick* est au grand complet, *Joshua* de Moitessier fait renaître des rêves de départs absolus…

Et quand les voiliers larguent les amarres à Brest, la fête n'est pas encore finie : la grande parade attire bateaux et équipages à Douarnenez pour le retour de noces. Un tableau inoubliable dans le passage des Tas de Pois pour tous ceux qui l'ont vécu à hauteur d'embrun, le nez sur l'eau, ou admiré depuis les falaises dominant la pointe de Crozon…

Organisée depuis 1996 tous les quatre ans par la ville de Brest, avec les conseils avisés de la société Grand Large, pilotée par Anne Burlat et Jakez Kerhoas, la fête brestoise est aujourd'hui le plus important rassemblement de voiliers traditionnels français et l'une des principales manifestations maritimes européennes. Rendez-vous à Brest 2008 !

Images des fêtes maritimes de Brest : tous les types de gréements sont réunis pour le plus grand rassemblement de marins français. L'occasion de faire la fête, de jouer de la musique, d'échanger expériences et conseils, mais aussi de faire quelque découverte, comme ce fut le cas, en 2004, avec les surprenantes *jangadas* brésiliennes (en bas), dont les unités modernes évoquent de grandes planches à voile…

Page de droite : la *Grande Hermine*, le *Mutin*, l'*Etoile* et la *Belle Poule* : les quatre voiliers de la Marine nationale ont fière allure dans la Penfeld…

Tous les quatre ans, depuis 1992, plusieurs centaines de bateaux quittent Brest et sa rade pour cingler vers Douarnenez et sa baie, au cours d'une joyeuse régate-parade. La goélette *Etoile*, de la Marine nationale, est ici suivie du trois-mâts hollandais *Europa*.

Ci-contre : lors de cet exceptionnel « retour de noces », le 6 m JI *Suzette* côtoie la goélette américaine *Pride of Baltimore*, et le cotre corsaire malouin *Le Renard*.

EUROPA

LISTE DES ASSOCIATIONS

L'ASSOCIATION BISQUINE CANCALAISE.
Tél. : 02 99 89 77 87.
Courriel : la_cancalaise@hotmail.com
Site : www.lacancalaise.org

ASSOCIATION DU COTRE CORSAIRE
LE RENARD.
Grande Porte Tour Ouest BP165. 35408 Saint-Malo Cedex. Tél. : 02 99 40 53 10.
Courriel : renard@saint-malo.com
Site : www.cotre-corsaire-renard.com

ETOILE MOLÈNE, MARITÉ, POPOFF, ETOILE POLAIRE, ETOILE DE BRICOURT.
ETOILE MARINE CROISIÈRES.
41, quai Duguay-Trouin.
35400 Saint-Malo
Tél. : 02 99 40 48 72

SARL *NAN.*
9, bis avenue Louis Martin.
35400 Saint-Malo.
Tél. : 02 99 40 47 40 ou 06 61 59 85 83.
Courriel : nan_of_fife@hotmail.com.
Site : www.nan-of-fife.com

ASSOCIATION LA CHIPPE *MARIA* DE SAINT-SULIAC.
27, quai de la Rance.
35430 Saint-Suliac

LE CHASSEUR.
Yacht Club de La Gueuza :
lagueuza-rance.yc@laposte.net

FROTTE BERNIQUES.
Centre nautique de Saint-Cast, le port.
22380 Saint-Cast.
Tél.-Fax : 02 96 41 86 42.
Courriel : cn.st-cast@wanadoo.fr

ASSOCIATION POUR *LE GRAND LÉJON,*
31, rue Arsène Simon. 22190 Plérin.
Site : www.perso.wanadoo.fr/le-grand-lejon/index.html.
Courriel : association@le-grand-lejon.com

LA *SAINTE-JEANNE.*
Association Le sloop d'Erquy,
Maison de la Mer, rue du port.
22430 Erquy.
Tél. : 02 96 72 39 27, 06 08 18 30 94 ou 06 86 50 65 30.
Courriel : lasaintejeanne@yahoo.fr

LA *PAULINE.*
Association Une chaloupe pour Dahouët, quai des Terre-Neuvas. Dahouët.
22370 Pléneuf-Val André.
Tél. : 02 96 63 10 99.
Courriel : pauline@semafort.fr

EULALIE.
Dominique Sicher.
Tél. : 02 96 55 99 99.
Site : www.eulalie-paimpol.com

LA NÉBULEUSE - ENEZ KOALEN.
Voiles & Traditions,
22, Brezel Nevez.
22470 Plouezec.
Tél. : 02 96 55 44 33

VIEUX COPAIN.
Serge Le Joliff. Tél. : 06 81 69 70 03

KROG E BARZ.
Xavier Buhot-Launay.
Tél. : 06 80 54 04 25.
Site : www.krog.e.barz.free.fr

MARIE-GEORGETTE.
P. et S. Jeusset. Café Le Gavroche.
22820 Plougrescant.
Tél. : 02 96 92 09 15

BARR AWEL.
Mairie, 22300 Trédrez-Locquémeau.
Tél. : 02 96 35 74 52

SANT C'HIREG.
Denis Le Bras.
Tél. : 02 96 23 82 04 ou 06 85 92 60 61.
Site : www.santguirec.com

AR JENTILEZ, AIMÉE-HILDA, LA CLARTÉ.
Renseignements : mairie de Perros-Guirec
Tél. : 02 96 49 02 49.
Site : www.perros-guirec.com.
Courriel : mairie@perros-guirec.com

AUSQUÉMÉ.
Nicolas Schouten.
Tél. : o6 07 59 04 03.
Site : www.ausqueme.fr.st/

REDER MOR.
B.P. 47455.
29674 Morlaix.
Site : www.reder.mor.online.fr.
Courriel : reder.mor@free.fr

ASSOCIATION COTRE *LE JOUET DES FLOTS.*
4, rue des Jongleurs. 80132 Grand Laviers.
Site : www.jouetdesflots.org

KARREG HIR, LABOUS MOR.
Ecomusée des goémoniers,
route Saint-Michel, BP 35.
29880 Plouguerneau.
Tél. : 02 98 37 13 35.
Site : www.club-internet.fr/perso/bezhin

L'ESPÉRANCE.
Auberge de jeunesse de l'île de Batz.
Tél. : 02 98 61 77 69. Fax : 02 98 61 78 85.
Courriel : info@aj-iledebatz.org

LEIER EUSA.
Mairie d'Ouessant, le Bourg.
29155 Ouessant.
Tél. : 02 98 48 80 06.
Courriel : mairie.eusa@wanadoo.fr

MARTELOD PLOUGERNE.
13, rue Troadec. 29217 Le Conquet.
www.trimartolod.free.fr

LA RECOUVRANCE,
BP 411. 29275 Brest cedex.
Tél. : 02 98 33 95 40.
Site : www.larecouvrance.com

ASSOCIATION TRI MARTOLOD
(*La Mouette, Toutouic, Le Goéland, Fleur des Abers, Dom Michel*).
Site : www.trimartolod.free.fr

MARI LIZIG.
Les amis du bateau kerrore. Mairie.
29480 Le Relecq-Kerhuon.
Tél. : 02 98 28 14 18

FÉDÉRATION VOILE-AVIRON (YOLES 1796).
Siège Social: Le Chasse Marée,
Abri du Marin. 29100 Douarnenez.
Siège administratif : 8, rue Jean et Jeanne.
56860 Séné.

FÉDÉRATION RÉGIONALE POUR LA CULTURE ET LE PATRIMOINE MARITIMES - BRETAGNE.
25 bd du Général de Gaulle -
B.P. 234. 29 172 Douarnenez cedex.
Tél. : 02 98 92 14 20.
Site : www.maritime-heritage.net.
Courriel : frcmateliers-enfer@wanadoo.fr

Bibliographie

Jean Le Bot, *Les bateaux de la côte de Bretagne Nord.* 1976, réédition Editions Glénat, Grenoble, 1990.

Yvon Le Corre, *Les outils de la passion.* Editions Le Chasse-Marée, Douarnenez,1998.

Collectif, *La mer et les jours, cinq siècles d'arts et de culture maritimes en Côte-d'Armor.* Conseil général des Côtes-d'Armor, Saint-Brieuc, 1992.

Pierre Arzel, *Les goémoniers,* Editions Le Chasse-Marée, 1991.

Yves Gaubert, *Bateaux traditionnels français,* Editions Le Chasse-Marée, Douarnenez,1998.

Articles parus dans *Le Chasse-Marée*

Doris, une tradition vivante, J.-M. Germaine, A. Lefeuvre, L. David, CM n° 4

Dorissiers du pays de Rance, M. Duédal, CM n° 33

La chippe de Saint-Suliac, canot senneur de la Rance, Y. Guesdon, CM n° 175

Le bateau carrelet de la Rance, Y. Guesdon, CM n° 166

Les macrotiers de Saint-Malo, Y. Guesdon, CM n° 97

La *Margate*, canot jaguen, Y. Guesdon, CM n° 39

Le *Renard*, Serge Lucas, CM n° 74

Le retour des bisquines, G. Millot, CM n° 90

Construction d'un canot de Rance, J. Le Bot, CM n° 113

Des Paimpolais en Iroise, *An Durzunel*, CM n° 20

Des Marsouins et des hommes, X. Mével, CM n° 108

LeGrand Léjon, lougre du Légué, CM n° 100

L'*Etoile* et la *Belle Poule*, CM n° 92

Les valeureux de la *Sainte-Jeanne*, X. Mével, CM n° 168

Goezog, sloup de randonnée, J.-P. Guillou, CM n° 88

Les flambarts de la Bretagne Nord, CM n° 91

Jézéquel, un constructeur de Carantec, CM n° 10

Joli canot Jézéquel d'aujourd'hui, CM n° 21

Reder Mor, champion de la baie de Morlaix, *Ar Vag*, CM n° 56

Goalen et *Jeannette* en baie de Morlaix, CM n° 62

Les cat-boats de la baie de Morlaix, G. Millot, CM n° 127

Alcyon, un Carantec pour le plaisir, D. Gilles, CM n° 69

Gwenvidig à la parade, X. Mével, CM n° 166

Canada, le crack des Carantec, J. Blanken, CM n° 169

Les petits sloups du Léon, A. Linard, CM n° 171

La *Jument*, dernier sloup d'Ouessant, CM n° 53

Les petits sloups de Saint-Pabu, G. Millot, CM n° 101

Les gabares de Lampaul, *Ar Vag*, CM n°16

La nouvelle vie de *Fleur de Lampaul*, Ch. Hervé-Gruyer, CM n° 65

Cabotage en Iroise à bord de *Fée de l'Aulne*, A. Linard, CM n° 92

La Recouvrance, une goélette pour Brest, CM n° 82

Crédits iconographiques

Fl. Evrard : couverture, 38, 108-109, 143, 149 ; M. Thersiquel : 2, 6-7, 12, 13, 18, 19, 24, 25, 27, 28h, 29, 37, 39, 40, 41, 43h, 44, 45h, 45b, 46, 47h, 64, 65, 70, 71h, 71m, 73b, 78b, 82-83, 94-95, 97, 98, 99, 101, 110, 111, 115, 116b, 117hg, 117hm, 118, 123hd, 124, 126, 127, 128, 129, 133, 138, 139, 144, 145, 148md, 148b, 150, 157h ; N. Couilloud : 10, 54, 117bg ; Ass. Grand Léjon : 11h ; A. Linard : 11b, 14-15, 76, 117h, 117b, 119, 121, 122, 123b, 136bd, 137 ; Musée de St-Malo : 16 ; Th. Clamorgan : 17 ; J.R. Donguy : 20 ; Musée de Bretagne : 21, 22 ; R. Piboubès : 23 ; Coll. J. Le Bot : 26 ; R. Brelivet : 28b ; E. Quéméré : 30 ; M. Clauzier : 49 ; M. Rapilliard : 32-33, 49hg, 69, 71 ; Ass. cotre corsaire : 34-35 ; Coll.part. : 36 ; E. Cattin/DPPI : 42-43, 156-157 ; Launey : 45hg ; Ass. MAT : 47 ; J.F. Hourrière : 48 ; Ass. *Les Copeaux d'abord* : 50, 51, 52 ; G. Godefroy : 53, 57 ; J.R. Donguy : 55 ; F. Aubaux : 56 ; Ch. Delangue : 58-59, 85, 86 ; Coll. *Chasse-Marée* : 60, 84, 132, 136hd ; R. Blouin : 61, 62 ; X. Mével : 63 ; Yvon : 66, 67d; J.M. Daoudal : 67g, 68h, 75b ; P. Beltante : 68b, 112 ; P. Nathal : 72 ; R. Clech : 73h ; Ass. *Rigel* : 74, 75h ; Arc en Ciel : 77 ; F. Madic : 78 ; L. Locher : 79g ; N. Pert : 79hd, 147 ; DR : 75bd, 89, 92, 136hg ; Marine Nationale : 80 ; Y. Dissez : 87 ; P. Brulin : 88 ; B. Quéré : 90 ; L. Courcoux : 91 ; C.M. Le Fol : 93h ; Coll. D. Le Braz : 96 ; Ass. *Ar Jentilez* : 100 ; Littoral Ouest/F. Gicquiaud : 102 ; G. Jaffry : 103 ; J. Ogor : 104-105 ; Roger-Viollet : 106 ; Ass. *Reder Mor* : 107 ; J.R. Lamanda : 113 ; M. Le Coz : 114, 120h, 123h, 125b ; B. Stichelbaut : 116h, 130-131, 154h, 154b, 154mb, 155 ; Y. Sellier : 120b ; Ecomusée de Plouguerneau : 124h ; M. Le Tissier : 125h ; Ass. IDILLE : 134 ; Ass. Archipel : 135 ; H. Kerisit ;136bg ; Ass. Tri Martolod : 140, 141, 142 ; H. Taillard : 148hg, 149md, 149hg 149bg ; N. Millot : 152, 153 ; B. Annebicque/Corbis Sygma : 154mh.

Remerciements

L'auteur tient à remercier tous ceux qui ont apporté leur contribution à la réalisation de cet ouvrage, notamment aux associations et aux propriétaires de bateaux.
Merci aussi à Jean Le Bot, André Linard, Gwendal Jaffry, Kim Savina, Michel Philippe, Patrick Huet, Jean-René Donguy, Jean-François Hourrière, Gilles Godefroy, Pierre Merel, Yann Guesdon, Dominique Clauzier, Emmanuel Clauzier, Denis Le Bras, Guy Prigent, Pierrot Beltante, Jean-Luc Huet.
Pour la cartographie, merci enfin à Isabelle Drouet et Claude Hascoët.

Ouvrage réalisé en partenariat
avec la Fédération régionale pour la culture
et le patrimoine maritimes-Bretagne.

Maquette et mise en page : Thierry Le Prince

Abri du Marin, 29100 Douarnenez

Gravé par Stream-Photogravure à Quimper
Achevé d'imprimer au mois de septembre 2006
en Italie par Eurographica
ISBN 23 535 70 046